心一堂術數古籍珍本叢刊

書名：科學方式命理學
系列：心一堂術數古籍珍本叢刊　星命類　第二輯　135
作者：閻德潤博士
主編、責任編輯：陳劍聰
心一堂術數古籍珍本叢刊編校小組：陳劍聰　素聞　梁松盛　鄒偉才　虛白盧主

出版：心一堂有限公司
通訊地址：香港九龍旺角彌敦道六一〇號荷李活商業中心十八樓〇五—〇六室
深港讀者服務中心·中國深圳市羅湖區立新路六號羅湖商業大廈負一層〇〇八室
電話號碼：(852)67150840
網址：publish.sunyata.cc
電郵：sunyatabook@gmail.com
網店：http://book.sunyata.cc
淘寶店地址：https://shop210782774.taobao.com
微店地址：https://weidian.com/s/1212826297
臉書：https://www.facebook.com/sunyatabook
讀者論壇：http://bbs.sunyata.cc/

版次：二零一七年六月初版
平裝

定價：港幣　一百三十八元正
　　　新台幣　五百六十元正

國際書號：ISBN 978-988-8317-57-8

香港發行：香港聯合書刊物流有限公司
地址：香港新界大埔汀麗路36號中華商務印刷大廈3樓
電話號碼：(852)2150-2100
傳真號碼：(852)2407-3062
電郵：info@suplogistics.com.hk

台灣發行：秀威資訊科技股份有限公司
地址：台灣台北市內湖區瑞光路七十六巷六十五號一樓
電話號碼：+886-2-2796-3638
傳真號碼：+886-2-2796-1377
網絡書店：www.bodbooks.com.tw
台灣國家書店讀者服務中心：
地址：台灣台北市中山區松江路二〇九號一樓
電話號碼：+886-2-2518-0207
傳真號碼：+886-2-2518-0778
網絡書店：http://www.govbooks.com.tw

中國大陸發行　零售：深圳心一堂文化傳播有限公司
深圳地址：深圳市羅湖區立新路六號羅湖商業大廈負一層〇〇八室
電話號碼：(86)0755-82224934

心一堂微店二維碼

心一堂淘寶店二維碼

心一堂術數古籍 珍本 整理 叢刊 總序

術數定義

術數，大概可謂以「推算（推演）、預測人（個人、群體、國家等）、事、物、自然現象、時間、空間方位等規律及氣數，並或通過種種『方術』，從而達致趨吉避凶或某種特定目的」之知識體系和方法。

術數類別

我國術數的內容類別，歷代不盡相同，例如《漢書・藝文志》中載，漢代術數有六類：天文、曆譜、五行、蓍龜、雜占、形法。至清代《四庫全書》，術數類則有：數學、占候、相宅相墓、占卜、命書、相書、陰陽五行、雜技術等，其他如《後漢書・方術部》、《藝文類聚・方術部》、《太平御覽・方術部》等，對於術數的分類，皆有差異。古代多把天文、曆譜、及部分數學均歸入術數類，而民間流行亦視傳統醫學作為術數的一環；此外，有些術數與宗教中的方術亦往往難以分開。現代民間則常將各種術數歸納為五大類別：命、卜、相、醫、山，通稱「五術」。

本叢刊在《四庫全書》的分類基礎上，將術數分為九大類別：占筮、星命、相術、堪輿、選擇、三式、讖諱、理數（陰陽五行）、雜術（其他）。而未收天文、曆譜、算術、宗教方術、醫學。

術數思想與發展——從術到學，乃至合道

我國術數是由上古的占星、卜筮、形法等術發展下來的。其中卜筮之術，是歷經夏商周三代而通過「龜卜、蓍筮」得出卜（筮）辭的一種預測（吉凶成敗）術，之後歸納並結集成書，此即現傳之《易

經》。經過春秋戰國至秦漢之際，受到當時諸子百家的影響、儒家的推崇，遂有《易傳》等的出現，原本是卜筮術書的《易經》，被提升及解讀成有包涵「天地之道（理）」之學。因此，《易・繫辭傳》曰：「易與天地準，故能彌綸天地之道。」

漢代以後，易學中的陰陽學說，與五行、九宮、干支、氣運、災變、律曆、卦氣、讖緯、天人感應說等相結合，形成易學中象數系統。而其他原與《易經》本來沒有關係的術數，如占星、形法、選擇，亦漸漸以易理（象數學說）為依歸。《四庫全書・易類小序》云：「術數之興，多在秦漢以後。要其旨，不出乎陰陽五行，生尅制化。實皆《易》之支派，傳以雜說耳。」至此，術數可謂已由「術」發展成「學」。

及至宋代，術數理論與理學中的河圖洛書、太極圖、邵雍先天之學及皇極經世等學說給合，通過術數以演繹理學中「天地中有一太極，萬物中各有一太極」（《朱子語類》）的思想。術數理論不單已發展至十分成熟，而且也從其學理中衍生一些新的方法或理論，如《梅花易數》、《河洛理數》等。

在傳統上，術數功能往往不止於僅僅作為趨吉避凶的方術，及「能彌綸天地之道」的學問，亦有其「修心養性」的功能，「與道合一」（修道）的內涵。《素問・上古天真論》：「上古之人，其知道者，法於陰陽，和於術數。」數之意義，不單是外在的算數、歷數、氣數，而是與理學中同等的「道」、「理」--心性的功能，北宋理氣家邵雍對此多有發揮：「聖人之心，是亦數也」、「萬化萬事生乎心」、「心為太極」。《觀物外篇》：「先天之學，心法也。……蓋天地萬物之理，盡在其中矣，心一而不分，則能應萬物。」反過來說，宋代的術數理論，受到當時理學、佛道及宋易影響，認為心性本質上是等同天地之太極。天地萬物氣數規律，能通過內觀自心而有所感知，即是內心也已具備有術數的推演及預測、感知能力；相傳是邵雍所創之《梅花易數》，便是在這樣的背景下誕生。

《易・文言傳》已有「積善之家，必有餘慶；積不善之家，必有餘殃」之說，至漢代流行的災變說及讖緯說，我國數千年來都認為天災，異常天象（自然現象），皆與一國或一地的施政者失德有關；下至家族、個人之盛衰，也都與一族一人之德行修養有關。因此，我國術數中除了吉凶盛衰理數之外，人心的德行修養，也是趨吉避凶的一個關鍵因素。

術數與宗教、修道

在這種思想之下，我國術數不單只是附屬於巫術或宗教行為的方術，又往往是一種宗教的修煉手段──通過術數，以知陰陽，乃至合陰陽（道）。「其知道者，法於陰陽，和於術數。」例如，「奇門遁甲」術中，即分為「術奇門」與「法奇門」兩大類。「法奇門」中有大量道教中符籙、手印、存想、內煉的內容，是道教內丹外法的一種重要外法修煉體系。甚至在雷法一系的修煉上，亦大量應用了術數內容。此外，相術、堪輿術中也有修煉望氣（氣的形狀、顏色）的方法；堪輿家除了選擇陰陽宅之吉凶外，也有道教中選擇適合修道環境（法、財、侶、地中的地）的方法，以至通過堪輿術觀察天地山川陰陽之氣，亦成為領悟陰陽金丹大道的一途。

易學體系以外的術數與的少數民族的術數

我國術數中，也有不用或不全用易理作為其理論依據的，如揚雄的《太玄》、司馬光的《潛虛》。也有一些占卜法、雜術不屬於《易經》系統，不過對後世影響較少而已。

外來宗教及少數民族中也有不少雖受漢文化影響（如陰陽、五行、二十八宿等學說。）但仍自成系統的術數，如古代的西夏、突厥、吐魯番等占卜及星占術，藏族中有多種藏傳佛教占卜術、苯教占卜術、擇吉術、推命術、相術等；北方少數民族有薩滿教占卜術；不少少數民族如水族、白族、布朗族、佤族、彝族、苗族等，皆有占雞（卦）草卜、雞蛋卜等術，納西族的占星術、占卜術，彝族畢摩的推命術、占卜術……等等，都是屬於《易經》體系以外的術數。相對上，外國傳入的術數以及其理論，對我國術數影響更大。

曆法、推步術與外來術數的影響

我國的術數與曆法的關係非常緊密。早期的術數中，很多是利用星宿或星宿組合的位置（如某星在某州或某宮某度）付予某種吉凶意義，并據之以推演，例如歲星（木星）、月將（某月太陽所躔之宮次）等。不過，由於不同的古代曆法推步的誤差及歲差的問題，若干年後，其術數所用之星辰的位置，已與真實星辰的位置不一樣了；此如歲星（木星），早期的曆法及術數以十二年為一周期（以應地支），與木星真實周期十一點八六年，每幾十年便錯一宮。後來術家又設一「太歲」的假想星體來解決，是歲星運行的相反，週期亦剛好是十二年。而術數中的神煞，很多即是根據太歲的位置而定。又如六壬術中的「月將」，原是立春節氣後太陽躔娵訾之次而稱作「登明亥將」，至宋代，因歲差的關係，要到雨水節氣後太陽才躔娵訾之次，當時沈括提出了修正，但明清時六壬術中「月將」仍然沿用宋代沈括修正的起法沒有再修正。

由於以真實星象周期的推步術是非常繁複，而且古代星象推步術本身亦有不少誤差，大多數術數除依曆書保留了太陽（節氣）、太陰（月相）的簡單宮次計算外，漸漸形成根據干支、日月等的各自起例，以起出其他具有不同含義的眾多假想星象及神煞系統。唐宋以後，我國絕大部分術數都主要沿用這一系統，也出現了不少完全脫離真實星象的術數，如《子平術》、《紫微斗數》、《鐵版神數》等。後來就連一些利用真實星辰位置的術數，如《七政四餘術》及選擇法中的《天星選擇》，也已與假想星象及神煞混合而使用了。

隨着古代外國曆（推步）、術數的傳入，如唐代傳入的印度曆法及術數，元代傳入的回回曆等，其中我國占星術便吸收了印度占星術中羅睺星、計都星等而形成四餘星，又通過阿拉伯占星術而吸收了其中來自希臘、巴比倫占星術的黃道十二宮、四大（四元素）學說（地、水、火、風），並與我國傳統的二十八宿、五行說、神煞系統並存而形成《七政四餘術》。此外，一些術數中的北斗星名，不用我國傳統的星名：天樞、天璇、天璣、天權、玉衡、開陽、搖光，而是使用來自印度梵文所譯的：貪狼、巨門、祿存、文曲，廉貞、武曲、破軍等，此明顯是受到唐代從印度傳入的曆法及占星術所影響。如星命術中的《紫微斗數》及堪輿術中的《撼龍經》等文獻中，其星皆用印度譯名。及至清初《時憲曆》，置閏之法則改用西法「定氣」。清代以後的術數，又作過不少的調整。

此外，我國相術中的面相術、手相術，唐宋之際受印度相術影響頗大，至民國初年，又通過翻譯歐西、日本的相術書籍而大量吸收歐西相術的內容，形成了現代我國坊間流行的新式相術。

陰陽學——術數在古代、官方管理及外國的影響

術數在古代社會中一直扮演着一個非常重要的角色，影響層面不單只是某一階層、某一職業、某一年齡的人，而是上自帝王，下至普通百姓，從出生到死亡，不論是生活上的小事如洗髮、出行等，大事如建房、入伙、出兵等，從個人、家族以至國家，從天文、氣象、地理到人事、軍事，從民俗、學術到宗教，都離不開術數的應用。我國最晚在唐代開始，已把以上術數之學，稱作陰陽（學），行術數者稱陰陽人。（敦煌文書、斯四三二七唐《師師漫語話》：「以下說陰陽人謾語話」，此說法後來傳入日本，今日本人稱行術數者為「陰陽師」）。一直到了清末，欽天監中負責陰陽術數的官員中，以及民間術數之士，仍名陰陽生。

古代政府的中欽天監（司天監），除了負責天文、曆法、輿地之外，亦精通其他如星占、選擇、堪輿等術數，除在皇室人員及朝庭中應用外，也定期頒行日書、修定術數，使民間對於天文、日曆用事吉凶及使用其他術數時，有所依從。

我國古代政府對官方及民間陰陽學及陰陽官員，從其內容、人員的選拔、培訓、認證、考核、律法監管等，都有制度。至明清兩代，其制度更為完善、嚴格。

宋代官學之中，課程中已有陰陽學及其考試的內容。（宋徽宗崇寧三年〔一一零四年〕崇寧算學令：「諸學生習……並曆算、三式、天文書。」「諸試……三式即射覆及預占三日陰陽風雨。天文即預

定一月或一季分野災祥，並以依經備草合問為通。」

金代司天臺，從民間「草澤人」（即民間習術數人士）考試選拔：「其試之制，以《宣明曆》試推步，及《婚書》、《地理新書》試合婚、安葬，並《易》筮法，六壬課、三命、五星之術。」（《金史》卷五十一．志第三十二．選舉一）

元代為進一步加強官方陰陽學對民間的影響、管理、控制及培育，除沿襲宋代、金代在司天監掌管陰陽學及中央的官學陰陽學課程之外，更在地方上增設陰陽學課程（《元史．選舉志一》：「世祖至元二十八年夏六月始置諸路陰陽學。」）地方上也設陰陽學教授員，培育及管轄地方陰陽人。（《元史．選舉志一》：「（元仁宗）延祐初，令陰陽人依儒醫例，於路、府、州設教授員，凡陰陽人皆管轄之，而上屬於太史焉。」）自此，民間的陰陽術士（陰陽人），被納入官方的管轄之下。

至明清兩代，陰陽學制度更為完善。中央欽天監掌管陰陽學，明代地方縣設陰陽學正術，各州設陰陽學典術，各縣設陰陽學訓術。陰陽人從地方陰陽學肄業或被選拔出來後，再送到欽天監考試。（《大明會典》卷二二三：「凡天下府州縣舉到陰陽人堪任正術等官者，俱從吏部送（欽天監），考中，送回選用；不中者發回原籍為民，原保官吏治罪。」）清代大致沿用明制，凡陰陽術數之流，悉歸中央欽天監及地方陰陽官員管理、培訓、認證。至今尚有「紹興府陰陽印」、「東光縣陰陽學記」等明代銅印，及某某縣某某之清代陰陽執照等傳世。

清代欽天監漏刻科對官員要求甚為嚴格。《大清會典》「國子監」規定：「凡算學之教，設肄業生。滿洲十有二人，蒙古、漢軍各六人，於各旗官學內考取。漢十有二人，於舉人、貢監生童內考取。附學生二十四人，由欽天監選送。教以天文演算法諸書，五年學業有成，舉人引見以欽天監博士用，貢監生童以天文生補用。」學生在官學肄業、貢監生肄業或考得舉人後，經過了五年對天文、算法、陰陽學的學習，其中精通陰陽術數者，會送往漏刻科。而在欽天監供職的官員，《大清會典則例》「欽天監」規定：「本監官生三年考核一次，術業精通者，保題升用。不及者，停其升轉，再加學習。如能黽勉供職，即予開復。仍不及者，降職一等，再令學習三年，能習熟者，准予開復，仍不能者，黜退。」除定期考核以定其升用降職外，《大清律例》中對陰陽術士不準確的推斷（妄言禍福）是要治罪的。《大清律例・一七八・術七・妄言禍福》：「凡陰陽術士，不許於大小文武官員之家妄言禍福，違者杖一百。其依經推算星命卜課，不在禁限。」大小文武官員延請的陰陽術士，自然是以欽天監漏刻科官員或地方陰陽官員為主。

官方陰陽學制度也影響鄰國如朝鮮、日本、越南等地，一直到了民國時期，鄰國仍然沿用着我國的多種術數。而我國的漢族術數，在古代甚至影響遍及西夏、突厥、吐蕃、阿拉伯、印度、東南亞諸國。

術數研究

術數在我國古代社會雖然影響深遠，「是傳統中國理念中的一門科學，從傳統的陰陽、五行、九宮、八卦、河圖、洛書等觀念作大自然的研究。……傳統中國的天文學、數學、煉丹術等，要到上世紀中葉始受世界學者肯定。可是，術數還未受到應得的注意。術數在傳統中國科技史、思想史，文化史、社會史，甚至軍事史都有一定的影響。……更進一步了解術數，我們將更能了解中國歷史的全貌。」（何丙郁《術數、天文與醫學中國科技史的新視野》，香港城市大學中國文化中心。）

可是術數至今一直不受正統學界所重視，加上術家藏秘自珍，又揚言天機不可洩漏，「（術數）乃吾國科學與哲學融貫而成一種學說，數千年來傳衍嬗變，或隱或現，全賴一二有心人為之繼續維繫，賴以不絕，其中確有學術上研究之價值，非徒癡人說夢，荒誕不經之謂也。其所以至今不能在科學中成立一種地位者，實有數因。蓋古代士大夫階級目醫卜星相為九流之學，多恥道之；而發明諸大師又故為惝恍迷離之辭，以待後人探索；間有一二賢者有所發明，亦秘莫如深，既恐洩天地之秘，復恐譏為旁門左道，始終不肯公開研究，成立一有系統說明之書籍，貽之後世。故居今日而欲研究此種學術，實一極困難之事。」（民國徐樂吾《子平真詮評註》，方重審序）

現存的術數古籍，除極少數是唐、宋、元的版本外，絕大多數是明、清兩代的版本。其內容也主要是明、清兩代流行的術數，唐宋或以前的術數及其書籍，大部分均已失傳，只能從史料記載、出土文獻、敦煌遺書中稍窺一鱗半爪。

術數版本

坊間術數古籍版本，大多是晚清書坊之翻刻本及民國書賈之重排本，其中豕亥魚魯，或任意增刪，往往文意全非，以至不能卒讀。現今不論是術數愛好者，還是民俗、史學、社會、文化、版本等學術研究者，要想得一常見術數書籍的善本、原版，已經非常困難，更遑論如稿本、鈔本、孤本等珍稀版本。在文獻不足及缺乏善本的情況下，要想對術數的源流、理法、及其影響，作全面深入的研究，幾不可能。

有見及此，本叢刊編校小組經多年努力及多方協助，在海內外搜羅了二十世紀六十年代以前漢文為主的術數類善本、珍本、鈔本、孤本、稿本、批校本等數百種，精選出其中最佳版本，分別輯入兩個系列：

一、心一堂術數古籍珍本叢刊

二、心一堂術數古籍整理叢刊

前者以最新數碼（數位）技術清理、修復珍本原本的版面，更正明顯的錯訛，部分善本更以原色彩色精印，務求更勝原本。并以每百多種珍本、一百二十冊為一輯，分輯出版，以饗讀者。

後者延請、稿約有關專家、學者，以善本、珍本等作底本，參以其他版本，古籍進行審定、校勘、注釋，務求打造一最善版本，方便現代人閱讀、理解、研究等之用。

限於編校小組的水平，版本選擇及考證、文字修正、提要內容等方面，恐有疏漏及舛誤之處，懇請方家不吝指正。

心一堂術數古籍 珍本 整理 叢刊編校小組

二零零九年七月序

二零一四年九月第三次修訂

閻德潤博士著

科學方式

命理學

新華書局發行

八字論自序

運命亦一機序學也。得其樞機，奉天無違，而況人事乎。惜後之學者，明之甚少，率爾操觚，以闡隱曰，斯學愈下矣。孔子曰，樂天知命，故不憂，蓋知其所立也。孟子曰，雖有智慧，不如乘勢，蓋示其及時也。知所立，乘及時，乃經世之大學，其不成功者，鮮矣。受撰命理學一書，採百家言論而實證，按科學方式而分章。庶幾讀者，開卷豁然，如示指掌。將有爲也，將有行也，問焉而以其言，則可矣。即他日或損或益，摘章可以尋句，或毀或譽，知我憑諸春秋。孔子曰，蓋有不知而作之者，我無是也。斯爲序。

歲在　乙酉　臘月　臨溟　東里　閻德潤序

科學方式命理學

目次

第十一章　論大運

附錄

第一章　緒　言

昔者鬼谷子，董江都，東方曼倩，管公明，陳希夷，劉青田等，皆以命數，定人終身，決其休咎，莫不嘖嘖稱之。自歐風東漸，科學昌明，凡事重實驗，不尚空談，憑眞理，不務虛幻。誠以命之一字，虛無縹緲，玄之又玄，在昔孔子所以罕言命也。雖然，孔子罕言命，並非不言命，如對子服景伯曰「道之將行也與命也，道之將廢也與命也」，又曰「不知命無以爲君子也」。是孔子罕言命，實孔子重視命而不輕於言也。十九世紀世界著名作家馬透爾玲格氏關於命學，特有造詣，謂「人之叡智能在人生一切偶發之事，故用此叡智，可打破人本能上之盲力，亦可減殺周圍運命所支配之力也。因此，運之開也，不幸者可入幸運之途，以不屈不撓之意志，可由無智之世界，轉入有知覺之世界，不幸云者，究不外爲人之無知覺人格之歷史而已」。但運命之究竟，決不能如此簡易，除氏所謂人造力之外，尚有個體之生理的及心理的作用，有以玉成之也。故運命亦一機構也。或謂大貴人莫過帝王。考歷代創業之明君及明朝諸帝，無一合者。且夫天下之大，兆民之衆，如此年月日時生者，豈無其人，然未必皆大貴也，何哉？遂謂有眞數以主之，此說亦必然也。蓋生機條件環境不同，各有適應之全人俗，各有不同之發展之故也。世亦有謂保身愼修，克儉長命，吾人自求多福，苟不修德進學，驕恣不法，其奈命該富貴長壽何。此亦不外假修養努力，以助達旋適應之全人格而已矣．埔昔氏所謂之因果律（即一現象之生，必爲發起者之因），佛家所謂之苦集滅道（即輪廻），亦運命觀之一面也。斯托林貝路西氏有言曰「人之運命，不得自知也，但向未知數X，進行檢討，揭之所謂不可開的神秘之扉，亦使之開放，乃吾人之任務也」，誠哉斯言也。苟其神秘，能以科學公式而定之，其未知數，亦能以數學方程式而證之，則其業爲何如，其賜惠又豈止於一人而已哉。

年月日時，列爲四柱，兩而四之，故稱八字。其推定吉凶，歷代取捨，則不同矣。昔者大橈造納音之法，隔八有用之具，分金木水火土之屬，加諸世事。後世珞琭以年，虛中以日，命法至是一變。子平專主五行，不重納音，至是其法，又一變矣。萬育吾又以日時爲主，附麗年月，是又一變也。此皆隨時改革，即百年之間，數術之說，亦各不同。夫唐以前之命數，不得見矣。唐以後之命書，則推子平。考瀛壖筆記，子平姓徐名居易，子平其字也，東海人，別號沙滌先生，又稱蓬萊叟，隱於太華西棠峰洞。子平之法，以人所生年月日時，推其祿命，無有不中。考其淵源，蓋出於戰國珞琭子，世有元理消息賦一篇，謂其所作。然觀其文，殆後世爲撰，非珞琭之眞本也。珞琭同時有鬼谷子，秦有董仲舒，司馬季主，東方朔，嚴君平，三國時有管輅，晉有郭璞，北齊有魏定，唐有袁天綱，僧一行，李泌，李虛中等皆祖其術。泌昔出遊，得管輅書天賜訣，又得一行所授銅鈸要旨，占人極驗。泌以是傳之李虛中，推衍以用之。五代時有麻衣道者希夷先生及子平等。子平得虛中之術，又損益之。子平沒後，宋孝宗淳，聘有淮甸術士號冲虛子者，當世重之。時有僧道洪者，密受其傳，後入錢塘，傳布其學。道洪傳之徐公外，今世之三命淵源眞論，謂其所著。夫如是觀之，斯學之推移，係由個人之體驗，集成一小統計，由小統計構成一大統計，其理雖隱，其事不可誣也。

正五行與納音之致用，今昔主張不同，廖冀亨謂今之談命者，只論正五行，不取納音，殊不知納音之理，取象之精，正造化之所爲妙，能知貴居何品，能知貧作何人。三命通會亦云，以五行爲經，以納音爲緯，足以盡命數之理。杜謙玉謂缺氣處，仍要納音補借。袁阜謂納音可補偏救弊，酌盈劑虛。故談命者，不可以納音爲棄物也。況虛中創立八字，納音亦多註解，而子平雖專用正五行，亦未闢納音乎。

第二章 四柱之組成

凡論人命，年月日時，列爲四柱。推年之法，由其人所生之年之干支定之。推月之法，由其生年以遁月之干支，推日之法，由其年日之干支定之，推時之法，由生日遁得生時之干支爲之。若夫掌訣古歌，不過爲嗜記，容各之用，苟能依表索之，尤覺簡便。

推年法以立春節爲綱，因立春爲陰曆正月節入（交節）故也。是以立春爲年干支改變之樞機，此不可不知也。

一、推 年 法

1 本年立春後生者，即以本年之干支爲主。如丙午年正月初九日午時生者，曆書明載是日午時立春，是午時已交立春，即作丙午年推。

2 本年正月立春前生者，即以上一年之干支爲主。如丙午年正月初九日巳時生者，是巳時在午時之前，猶未立春，當作乙巳年推，即丙午作乙巳。

3 本年十二月立春後生者，即以下一年之干支爲主。如丙午年十二月十九日戌時生。曆書明載是年十二月十九日酉時立春，是戌時在酉時之後，已過立春，作丁未年推，即丙午作丁未。

二、推 月 法

考原曰，上古曆元，年月日時皆起於甲子，是甲子年必有甲子月，正爲年前冬至十一月也。正月建寅，故得丙寅，月則爲丁卯，以次順數，至次年正月得戊寅，故乙年正月戊寅也。從甲至己，越五年，共六十月，花甲周而復始，故己年正月亦爲丙寅也。

古歌云：甲己之年丙作首，

■

乙庚之歲戊爲頭，

丙辛必定尋庚起，

丁壬壬位順行流，

更有戊癸何方覓，

甲寅之上好追求。

即

甲巳年正月起丙寅

乙庚年正月起戊寅

丙辛年正月起庚寅

丁壬年正月起壬寅

戊癸年正月起甲寅。

今試列一表索之，則各月之干支，脫口而出，尤覺方便（參照第一表月建干支便覽表）。

第一表　月運干支便覽表

年＼月	1	2	3	4	5	6	7	8	9	10	11	12
甲己	丙	丁	戊	己	庚	辛	壬	癸	甲	乙	丙	丁
乙庚	戊	己	庚	辛	壬	癸	甲	乙	丙	丁	戊	己
丙辛	庚	辛	壬	癸	甲	乙	丙	丁	戊	己	庚	辛
丁壬	壬	癸	甲	乙	丙	丁	戊	己	庚	辛	壬	癸
戊癸	甲	乙	丙	丁	戊	己	庚	辛	辛	癸	甲	乙
支	寅	卯	辰	巳	午	未	申	酉	戌	亥	子	丑

★如庚年一月爲戊寅十二月爲己丑，辛年正月爲庚寅。此皆以陰曆爲主。

從來推月之法，以節令爲綱，在本月節令後生者，即以本月所遁干支爲主，在本月節令前生者，以上月所遁干支爲主，在本月下一節令生者，所以下月所遁干支爲主。此皆偏於氣之論也，應取實在生月干支以定之（參考推日法中之例），一如生日干支之推定。

三、推日法

推日之法，極爲簡單，按曆書所載，即可索出。如

第二表　節入（交節）及節中一覽表

節入		節中	
立春	陰正月節	雨水	陰正月中
驚蟄	陰二月節	春分	陰二月中
清明	陰三月節	穀雨	陰三月中
立夏	陰四月節	小滿	陰四月中
芒種	陰五月節	夏至	陰五月中
小暑	陰六月節	大暑	陰六月中
立秋	陰七月節	處暑	陰七月中
白露	陰八月節	秋分	陰八月中
寒露	陰九月節	霜降	陰九月中
立冬	陰十月節	小雪	陰十月中
大雪	陰十一月節	冬至	陰十一月中
小寒	陰十二月節	大寒	陰十二月中

丁卯年正月初一日子時生（曆書是年正月初一日丙辰，即書爲丙辰），列式爲

年　丁卯
月　壬寅
日　丙辰

丙午年正月初九日午時生（曆書是年正月初一日丁巳，依次順數至初九日爲乙丑），列式爲

年　丙午
月　庚寅
日　乙丑

丙午年十二月十九日戌時生（曆書是年十二月十一日壬戌，依次順數至十九日，即知爲庚午），列式爲

年 丙午 是年十二月十九日酉刻立春，故改作丁未

月 辛丑 據舊說立春後生人，當改作壬寅，但非也

日 庚午

四、推時法

推時之法，由其人生日遁得生時之干支爲之，考原曰，甲子日起甲子時，從甲子順數，至乙日子時，得丙子，故乙日起丙子。從甲至己，越五日，共六十時，花甲周而復始，故己日子時，亦爲甲子時也。

古歌云，甲己還生甲，

乙庚丙作初，

丙辛從戊起，

丁壬庚子居，

戊癸何方發，

壬子是眞途。

卽

第三表 推時便知表

甲己日起甲子時，

生日 / 時干支 / 時刻		甲己生日	乙庚生日	丙辛生日	丁壬生日	戊癸生日
子	前夜十一時至午前一時	甲子	丙子	戊子	庚子	壬子
丑	午前一時至午前三時	乙丑	丁丑	己丑	辛丑	癸丑
寅	午前三時至午前五時	丙寅	戊寅	庚寅	壬寅	甲寅
卯	午前五時至午前七時	丁卯	己卯	辛卯	癸卯	乙卯
辰	午前七時至午前九時	戊辰	庚辰	壬辰	甲辰	丙辰
巳	午前九時至午前十一時	己巳	辛巳	癸巳	乙巳	丁巳
午	午前十一時至午後一時	庚午	壬午	甲午	丙午	戊午
未	午後一時至午後三時	辛未	癸未	乙未	丁辛	己未
申	午後三時至午後五時	壬申	甲申	丙申	戊申	庚申
酉	午後五時至午後七時	癸酉	乙酉	丁酉	己酉	辛酉
戌	午後七時至午後九時	甲戌	丙戌	戊戌	庚戌	壬戌
亥	午後九時至午後十一時	乙亥	丁亥	己亥	辛亥	癸亥

丁壬日起庚子時，

乙庚日起丙子時，
戊癸日起壬子時，
丙辛日起戊子時。

今列一表以案之，更覺捷當（參照推時第三表便知表）

第三章　變通星及其作用

一、變通星之定義

人之生年月日時既出，則附變通星以名之。變通星者，即天幹之謂也。甲乙丙丁戊己庚辛壬癸，此爲十天幹。蔡邕月令章句云，大橈採五行之情，占斗機所建，始作甲乙以名日，謂之幹。考幹字有三種，一作榦，如樹木之有枝條莖榦。二作幹，幹濟爲義，以此日辰，任濟萬事。三作干，如物之竿上能竪立顯然，故亦云竿。世書從易，故多作干也。

甲丙戊庚壬爲陽，乙丁己辛癸爲陰，互相致用而發光。論命者本乎陰陽，案乎人情，順乎五行，而立名義，茲略申之。

1　同我者陽見陽，陰見陰，同聲相應，同氣相求，此我比之親者，故爲比肩。異我者陽見陰，陰昇陽，雖可聲應，不可氣求，此我比之疏者，故前為敗財，後為刼財。

2 我生者，陽生陽，陰生陰，一氣相生，出乎天然，此我生之直接者，故為食神。反是，異氣相生，迫於人情，此我生之間接者，故為傷官。

3 生我者，陽生陰，陰生陽，既有物質名分之相生，又得陰陽密邇之關切，此生我之正者，故為正印。反是，陽生陽，陰生陰，只有物質名分之相生，並無陰陽密邇之關切，此生我之偏者，故為偏印。

4 我尅者，陽尅陰，陰尅陽，既有陰陽融洽之情，又有以德行仁之妙，此我尅之正者，故為正財。反是，陽尅陽，陰尅陰，只有以力假仁之霸，並無陰陽融洽之情，此我尅之偏者，故為偏財。

5 尅我者，陽尅陰，陰尅陽，既有陰陽和協之功，又得勸懲賞罰之效，此尅我之正者，故為正官。反是，陽尅陽，陰尅陰，只有專制壓迫之力，並無剛柔寬猛之方，此尅我之偏者，故為偏官，又為七殺（有制伏者則為偏官，無制伏者則為七殺）。

第四表 (其一) 五陽干變通星

變通星＼生日	甲	丙	戊	庚	壬
比肩	甲	丙	戊	庚	壬
敗財	乙	丁	己	辛	癸
食神	丙	戊	庚	壬	甲
傷官	丁	己	辛	癸	乙
偏財	戊	庚	壬	甲	丙
正財	己	辛	癸	乙	丁
偏官	庚	壬	甲	丙	戊
正官	辛	癸	乙	丁	己
偏印	壬	甲	丙	戊	庚
印綬	癸	乙	丁	己	辛

第四表　(其二)五陰干變通星

生日 / 變通星	乙	丁	己	辛	癸
比肩	乙	丁	己	辛	癸
傷官	丙	戊	庚	壬	甲
食神	丁	己	辛	庚	乙
正財	戊	庚	壬	甲	丙
偏財	己	辛	癸	乙	丁
正官	庚	壬	甲	丙	戊
偏官	辛	癸	乙	丁	己
印綬	壬	甲	丙	戊	庚
偏印	癸	乙	丁	己	辛
劫財	甲	丙	戊	庚	壬

第一圖 變通星互相之關係圖

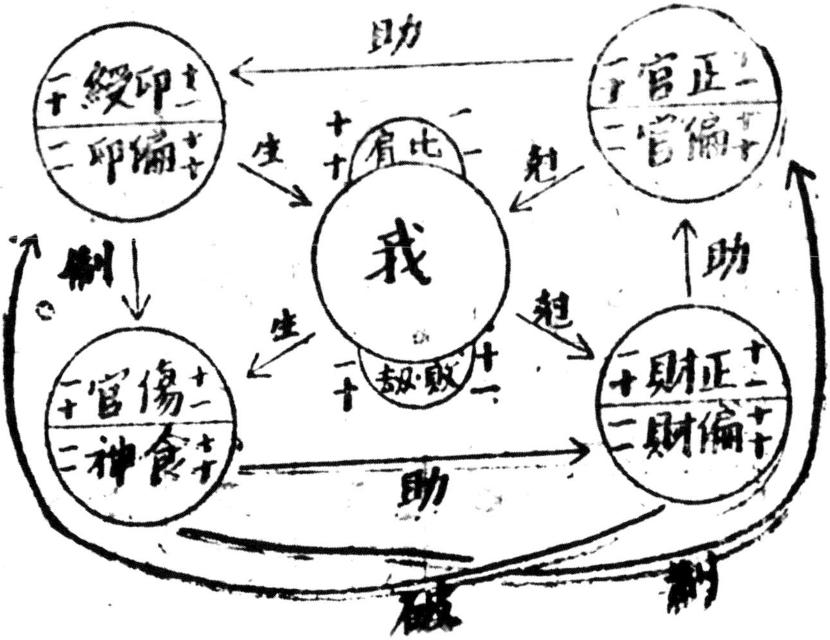

二、變通星之作用

（一）正　官

正官爲最大之吉星，其擁護力，如長官慈父。九星法取尅者爲凶，有得一失二之譏，故推命法，不以尅者爲凶，反以之爲吉也。正官爲榮身之主，掌祿之源，止許一位，多則不宜。蓋人命以中和爲貴，太過不及，均屬偏黨成尅而有災故也。

正官一位，君子也，溫厚剛健，多則心意偏狹，事多舛錯，亦動肝氣。

正官要日主健旺，得財印兩扶，柱中不見傷殺，行運至官鄉，大富大貴。大忌刑衝破害，傷官七殺，貪合忘官，刼財分福。

身旺日生，有正官與印綬，或正官與正財（偏財亦可）一星，主品位高尚，性格圓滿，自然與上流社會交往，官商工業均宜，福祿集中，發達亦速。

身旺日生，其柱有正官，無刑衝破害空亡羊刃，則貌美音爽，智識高尚，度量寬宏，富仁慈，有信義。

身旺日生，生月或生年有正官，到中年時必發達。生月支或生時有正官，中年後發達。若有妨害之星，則失效。甲申，乙酉，丙子，己卯，庚午，壬辰，癸未，癸丑柱之正官力弱。

身旺日主，生月干支皆為正官，主一生富貴，或受父母餘蔭福厚。設他柱再有正財，或印綬，更大發展。蓋正官先看月令，然後方看其餘，惟月令當時得最，若月令要辰，均無正官，方可由年日時干支取之，只一處，不曾損傷者，均可為用。經云，明干有氣明干取，明干無氣暗中取。若明干無氣，則歸地支，或有助托，亦不減月內官星之福。設既取提綱之正官為用，年時干支，或有一位偏官，亦能變其輕重，不可不仔細推之。

正官柱為子午卯酉，設無刑衝，福德固厚，但為死絕之柱，亦無效也。

生年正官為兄長，得祖宗之正，吉。

生月正官為弟弟，有子，受於父母，一生中少苦勞，乃幸福之家庭也。

生日正官，自為家主，得妻之力多。

生時正官，得子力，老境安樂。但正官坐建祿，不免老年勞苦耳。

生年月干兩見正官，禍在時，即得承繼。

生年月支兩見正官，自力成家。遇衝或空亡，則難承繼。

四柱全為正官，稱曰四位純官，試驗時利用虛名。

生月正官，他柱不見者，曰正官格，時上兼有財星，真貴人也。

正官被衝，無合，爲人流浪。正官有合，亦非貴命

正官（或偏官）坐於死運，男命無子女。

正官財星偏官混雜，則身弱甚，主心神不活潑。

女命正官爲夫，被衝與食神合，爲兒女專刑夫。

身弱，四柱中有正官，旺，遇官旺運，則有禍，遇制伏運，則名利可收。

（二）偏官

偏官者，不成配偶而偏之謂也。猶一男不同處，二女不同居。又譬如小人，多凶暴，無忌憚，若無禮法裁制之，必傷其主。故有制，謂之偏官，無制謂之七殺（煞）。凡有此殺，不可便言凶。有正官不如有偏官，多有巨富大貴之家，惟有身旺合殺爲妙。謂此曰貪合忘殺。

身旺日生，有偏官（亦權威星也），亦能發達，性質磊落，不拘大事，但稍嫌頑耳。

四柱偏官全，有食神制伏者，爲貴人。無制反貧，曰「四柱純殺」。有二位或三位者，初好終惡，一位者，頭腦清晰。

身旺，偏官弱，必爲壞人。

身旺，與偏官合者，再逢身旺運，能大發展。

生月偏官，再有羊刃，有父無母。

生時月偏官，入墓，憂多樂少。

身弱，偏官旺，中年多苦，不然下腹部有傷。

身弱，有偏官，再逢身弱運，有災難。

身弱，偏官亦弱，男命飄蓬流浪，女命爲尼爲伶。

月支或生時有一位偏官，主發達。

支有偏官，無制伏者，因妻得禍。

偏官有偏印，遍遊外國。

偏官有印綬，業務發達。印綬有偏官，得好事做。

正財偏官，奉公之人也，或有接受事物之意。

偏官見三刑，有母無父，私生者也，

偏官怕逢墓，女命失子，男命有不祥事。

七殺主性質頑固，不聽人言，不加思索，遇事猛進，屢生蹉跌，或起爭端，順己意者助之，逆己意者抗之，行爲有如俠客，酒色亦强。

七殺有干合，因其干合，變成制伏，或變爲印綬之力而善化之，或有天德月德之柱，則其人之性質，變爲溫厚，亦可開運發達。如己日生，有乙庚，或乙日生，有丙辛，均可因其合，而減殺力是也。

七殺見於天干，其力强。見於月支，其力弱。七殺怕身弱，怕財星（財旺七殺）。歲運逢財星，身雖旺，必有災。

偏官無制，逢偏官運則凶。有制，逢偏官運爲吉。

七殺正官，再混以偏印傷官，曰「官殺命」，此時正官，失其作用。設有印綬無正財，亦吉命也。甲申，乙酉，丙子，己卯，庚午柱之偏官力弱。

有偏官或正官，其生月支與生日支之間，夾有生氣支者，吉。如

生月　壬辰
生日　丙寅 ）卯

寅辰間，夾木氣卯，爲十二支順位之支，吉。

身弱日生，有正官七殺，別無比肩刼財敗財食神傷官印綬偏印等，毫無抗官之力，惟命是從，則官星乖悖，其人性質溫厚，家庭團圓，福壽綿長。但有刑衝，則無效。

偏官四柱中多者，多生女，少生男。

偏官敗亡，再犯魁，必無子。

生時上七殺，男命無子。但有制伏，中年後，可得子，且賢明。

女命偏官，主與親緣薄，得離侍之夫。逢長生者，有良夫。落空亡者，與夫緣不長，但得空夫之夫，則轉長。

生日甲申，乙酉，丁丑，戊寅，己卯，辛未，癸未，此七日坐殺，性無倫尚，心巧聰明。四柱中再見殺，謂之困多，主人困夭負罪。月見之者重，時見之者輕。

（五）印　綬

印綬爲五行生我之名，乃我氣之源，故有生氣之稱。主人有才智，溫良敦實，慈悲心重，受人敬愛。身體壯健，壽命可長。習心學術藝術，可望發達。

生年或生月，有印綬不逢損傷，多受父母庇蔭，貨財見成，安享富貴。生時有印綬，老年發達。設再有正官，福壽雙全，名揚社會。

生月有印綬，生年或生時有正財，事當垂成之際，必敗，故應以進爲退。

印綬多，幼時母乳不足，受他人之養育。

印綬天月德同宮，爲人同情心重，不受刑衝。

生月印綬，又被刑衝，母家零落。

有印綬，正財旺，母必受傷。印綬被尅，母則早亡。

身旺日主，印綬偏印多，又有比肩刼財敗財，身體雖壯，志望難達。或急於成功，屢遭蹉跌，終於自暴自棄，而人遠之。特如陽星一色之身旺者，自尊心尤强。

甲申，乙酉，丙子，己卯，庚午，壬辰，壬戌，癸丑柱之印綬力弱。

印綬坐帝旺，逢長生，其人之母有房產，父爲養子。

印綬坐沐浴，早爲寡婦，不禁再嫁。

印綬旺，身旺，爲孤獨且貧。或好酒。

印綬坐死，逢建祿，乃守墓之人。

印綬坐墓逢墓，爲操喪葬之職，逢養既爲守墓看廟之命。

印綬遇死絕之運必死，以印綬生我故也。

印綬旺，子女少，但遇財運則子女多。

印綬見於生月與生時，再有正官食神，無子女。

印綬有七殺，我尅子，不死必別居。

生時印綬，在旺相，必得子力。

印綬遇正財運，蕩盡家財。

印綬遇傷官運，萬事皆敗。

（四）偏　印

偏印一名倒食，又名梟神。蓋偏印能害食神，與食神同在之時，則曰倒食，謂其能冲財神也。

凡命帶偏印，福淺壽薄。

偏印亦類似印綬，但其力較弱。有偏印且多之人，雖受提拔，亦不能成功，反恩爲仇。雖得遺產，中年必敗。或受人欺騙而損失，不然親屬爭而奪之。若抱老大之志望，必遭大敗，田園歸人有，本身成爲浮浪者。

偏印主性質正直，無惡心，過信人言。習修學術技藝，作無形之財產渡世，最屬安全。

偏印强，且雜以刼財刑衝空亡等，則其身體，必有殘疾。

偏印多，有正官，亦可發達在中流以上。

偏印遇食神，猶尊長之制我，不得自由，作事悔懶，有始無終。容貌欹斜，身品矮小。膽怯心忙。百事無成。幼時尅母，長大傷妻子。

生年偏印逢養，主少繼母之豢。逢長生有幸福，步步見佳。

生年干偏印，受人欺騙，業務失敗。

生日偏印，男命不得良妻，女命不得良夫。

生日偏印，四柱中有食神，經商必敗。

身旺有偏印，遇財星變凶爲吉。有財星即幸福，但受刑傷，則不幸。

身弱多偏印，苦勞多。

四柱偏印多，養育於他家。

四柱有偏印，再見偏財，財能制印反佳。

偏印有印綬，商號兩處。

偏印遇偏財，母早亡。

偏印柱有正官，譽己者多，財上有損，正官柱有偏印，捨己從人。

四柱純陽，有偏印，妻緣薄，或死別子女。

四柱有偏印，逢絕墓，無人譽，逢長生建祿，有人謗。

女命食神爲子，四柱中多偏印（倒食），無子女，或死別子女，或因家庭事故而別居。

（五）正財

正財乃金錢養星也。財不畏多，多則增生官星。故有此星，主爲資財家。

凡命論財，取月支（官殺亦同）。蓋月支爲元命，月支有財官，干頭不露，自足爲福（得遺產，勤儉殖財）。干頭露者，易浮薄。若地支無財官，干頭明露，明露乃是虛詐無實之命，縱行好運，亦不濟事。干頭露者，主消耗多，別有劫財敗財，或正財柱有劫財敗財，屢遭損失，但有食神扶助者得免。月支無財官，而年日時有，亦可取用。月地支，坐財官，謂之得時，日地支坐財官，謂之得位，時地支，坐財官，謂之有成。得時爲上，得位次之，有時又次之。兼得一二尤妙。年主祖父富貴，但中年後無用。

正財主性質陽氣，有俠義心，能辨是非曲直，好爲人斡旋，酒色強。

正財乃壓制星印綬之星，故不得與親同居，遠客他鄉，或析居另住。

生年月有正財與正官，初貧後富。或照顧兩家，或有兩個名字。

生月地支有正財或正官，或生日地支有正財或正官，生月日互相扶助，且身旺日生者，必大發達

生月時有正財與正官，獨自成家（生日有之，晚年幸福）。

生年月有正財，可繼承他人之名義。

生年月有正財（生月旺相，生日干旺），無刑衝比肩劫財，可得祖業。但有傷官（或比肩劫財）

，再逢刃財運，則不免落魄。

生年有正財，四柱中再有正財偏財，則有家園。

正財印綬俱見，其力等於七殺。但財先印後，反成其禍，印先財後，反成其學（月令得財，身弱逢印資助之時）。

生月有正財或正官或印綬，無妨碍之星，主生於富家。

生時有正財，無刑衝破刃財等，可得美妻，另有財。主子女賢肖，家庭圓滿。或得父母貲金，而營業務。

正財一位，見於生時，乃富有之家，其人性急。若有二位，性質可減其急。

正財破於刼財者，父先亡，或由命運妻衰。

正財有刼財，主有抗稅行為。萬事類推。

正財有七殺，生涯中多損失。但有比肩或食神可免，得其中庸之故也。

四柱中有正財，無傷官或刼財，名利可收。

四柱有刼財羊刃，主遭水火之難，或妻緣不佳。

男命正財為妻星，與生日合，無刑衝破，主夫婦和睦。行旺相，可因妻得福。本無財星，遇刼財運，則有別妻之悲。正財空亡，命該落魄。

正財合（生日以外之合），主妻不貞。

正財旺，生後早離母。

正財多，印綬死，幼時離母。

干有陰正財為父，再有比肩刼財，主因爭負傷。

正財隱，正官露，主地位高。

正財多，身弱，家雖富而心貧。

正財多，身弱，有比肩刼財無妨。但遇偏財偏官之旺運，則生災害。

正財旺，身弱，無比肩刼財敗財印綬偏印等中之一星，妻秉男權，持家幹蠱，亦為財福發達之命也。不然，或有好子替力，自享優游之樂。但遇比肩刼財運時，妻則有災難。

財多身弱，食神運時，恐有災。

四柱中正財多，身弱，無印綬之助。或四柱中正財少，身强，再有比肩刼財。均非幸福，蓋過猶不及也。

正財多，身弱，忌逢正財運，行身旺運則吉。

正財弱，身旺，行正財旺運則幸。

正財格（生月支爲正財）主人誠實，行事節約，賦性聰明，經濟學富，惟稍慳吝耳。

正財坐墓，主財貨聚，或妻吝。

正財逢沐浴運，四柱有比肩，妻心變，或有情夫。

正財咸池同宮，好色奢侈。

正財驛馬同宮，主妻賢。

乙酉，丙子，己卯，庚午，壬辰，壬戌，癸丑柱之正財力弱。

大運流年與四柱成三合，有正財者吉。

（六）偏　財

偏財乃衆人之財也，金錢上通融雖易，但多收多出，動如大波焉。

偏財主性質偏屈，不尙虛飾，心地淡白，爲人慷慨好義。

偏財不得承繼父方之職業遺產，或分家或客他鄉或爲養子。旣或得產，亦不能久，抑或無產可得。

有正財不若有偏財，偏財重實，其福則厚故也。最怕刼財比肩，在年最重，在月稍次。

偏財力强，主早熟，色慾强，少愛正妻，多愛側室。若與刼財同宮，嗜酒貪花，行爲懶惰，一事

無成。若得遺產，兄弟必爭。

天干偏財，輕財好義，嗜酒色，壽長，愛妾。

偏財一位得地，無比肩刼財，不止財豐，亦能旺官。以財盛自生官運，行旺相，福祿俱臻，一遇官鄉，更可發福故也。

凡有財星，以身旺日生爲吉。另有食神或傷官扶助財力，可成財產家。

身弱日生，四柱財多，見殺則苦勞多。

身弱日生，財星多，愛人繼承，財貨旁落。

身弱至極，偏財特盛，得妾之吉運扶助，亦可福祿發達。

生年或生月偏財多者，主父多，蓋養育我之人多之謂也。

生年偏財，家之財寶，可歸我有。但父不能早早讓出耳。

生月偏財，四柱再多見者，不佳。

月令偏財，主少年富貴。

生時偏財，身旺，無比肩刼財，可發展。生時偏財，四柱中有比肩刼財，再行比肩刼財運，田園蕩盡，妻辱威羞。

偏財，身旺，爲商宜。

偏財旺，身亦旺，幸福多。再有正官更佳（行正官運，名利雙收）。若有刼財，則難得幸福（行刼財運，生災難）。

四柱偏財相重爲幸。設有比肩刼財，生年見之，則惡。生月見之較輕。謂此曰「遜禹」，主剋妻害子，破財貧薄。再行比肩刼財運，身死者有之，遭官破財者有之。但運行財旺之地，亦可發福。

四柱財多，身弱，逢死絕病敗之運，一生不如意。

晚年行偏印印綬運，有三合得助，可轉爲幸運。

生月偏財，生時刼財，逢凶運，祖財破盡，終身困窮。

偏財受刑衝破害，再有比肩刼財，則偏財力弱。

陽干刼財，再有刼財，必與父之意見衝突。偏財空亡，女緣不長。

偏財配十二運之佳者，業務財力皆佳。配十二運之絕者，則絕矣，宜仔細推之。

偏財坐沐浴，父爲風流人物。

偏財坐死絕，再混以官殺，幼時離母。

偏財坐墓，父先亡。

傷財坐祿，父運宰，發達。

甲申，乙酉，丙子，己卯，庚午，辛巳，壬戌，癸丑，癸未柱之偏財力弱。

（七）傷　官

傷官為害正官之星，盜我之氣，不補官為貴。

傷官雖凶，亦我所生，自家之物，傷盡則能生財，財旺則能生官。如（一）月令在傷官（傷位），四柱有三合會局，（二）無衝無破，不見一點官星，（三）月支傷官，時上傷官，四柱多官星，結局皆在傷盡，仍不失為貴命也。傷官傷盡，轉身旺，最喜正財印綬旺，其人有才智，擅藝術，但趾高氣揚，反受煩言，故宜戒耳。

傷官主人多才藝，傲物氣高，常以天下人不如己，故人亦憚之惡之，但其人內實溫厚。

傷官多，雖無正官，亦主惡疾殘其軀，不然，運遭官事，凡事小成而已。

生年傷官最忌，謂之禍甚受傷，終身不可除去，不任家國，父母不全，問題叢生。若再見一傷官，主破身短命，雖幸亦不長也（若月支再有，甚於傷身七殺）。

生月傷官，兄弟緣薄，不能為力。若再見一傷官，身心辛勞，金錢爭費，夫婦情傷緣薄（男女皆同）。

生日傷官，氣高多詞，傲物侮人，交際拙劣，眼大眉粗。男尅女，女尅男，婚緣不長，故須心正行正。

生時傷官，子息緣薄。不然，頑愚或體弱。傷官再重，死別於子，不然，老景悽涼。

生年傷官，生月財星，可得貲財。

生年月有傷官刼財，大抵祖宗身分低。

生日傷官，生時財星，少年榮達。

生時傷官，生年或生月有財星，富到中年。老時因子運受傷。

四柱傷官多，身旺，男命主宜宗教家或藝術家。女命爲舞妓舞蹈音樂之師。

傷官再傷官，一生苦勞多。

正官見傷官，其人巧言令色，自己不幸，反道人之長短。

有傷官，四柱中無財星，其人賢明，巧於事。但命中不富，既富矣，好虛名，又爭人先。

傷官生財，原無財星，反成貧。

傷官一名剝官，命中最忌。但有財星，可轉凶爲吉。

女命傷官再有財星，凶雖轉吉，但不免再嫁耳。

四柱中傷官多，又見官，或遇傷官運則凶。但一柱雖有無妨。

傷官叠傷官，大運官運來，或流年行官運，恐有眼疾或生災害。

傷官有，四柱中見官星，首逢印綬運，可達己顯故也。

傷官帶財星，遇比肩劫財運，不健。

傷官帶羊刃，四柱中無財星，一切運營都稱圓滿。

傷官帶咸池，男則問花尋柳，女則暗中偷情。

傷官落空亡，男命婚終成，女命主貞操。

四柱有傷官，缺兒女。

傷官逢財運，生男。

女命傷官或羊刃，見於生日，夫必顚死。甲辰，甲申，乙酉，丙子，己卯，庚午，壬戌，癸丑柱之傷官力强。

（八）食　神

食神者，生我財神之謂也。爲我之親生子，爲我之食祿，又如忠誠之僕者焉。

食神柱坐長生，建祿，帝旺，其作用同正官正財之吉星。

食神旺，無刑衝破，主人財厚食豐，腹量寬宏，肌體肥大，優游自足，好歌舞音曲之技藝。喜正財正官，尤為好運。

生月年有食神，且在生旺，得親之愛。

生月食神，身旺，善能飲食，資質豐肥。四柱有吉星相扶，一生食祿無憂。

生日時有食神，男女主有德性。

生年月日時無倒食，而有食神，不遇盜難。

食神一位，生月坐建祿，可大發達。生時坐建祿，亦主吉運，但較月之建祿稍次。

食神四位，反凶，蓋因其竊本元之氣也，遇倒食運則吉。

食神一位，生日帶正官，主富有福。

食神喜生旺相助，死絕病敗不佳。

食神大忌偏印為倒食，主為人有始無終，容貌欹斜，身材矮小，心性局促，多愁無成。

四柱中有食神，遇倒食運，則生災害。

食神居旺，有劫財與倒食，則早亡。

食神偏官同處，或四柱獨此二星，反生災害。

食神在前，偏官在後，名利兼收，亦幸運也。

食神重見，變爲傷官，令人少子。縱有，或帶破物性。

食神帶偏印，幼時母乳不足，身弱，一生中多勞心。若有偏財得免。

甲申，乙酉，丙子，己卯，庚午，壬辰，壬戌，癸丑柱之食神力弱。

（九） 比肩，刼財，敗財

比肩刼財敗財，皆爲與我同質之星也。

比肩爲兄弟朋友，刼財爲兄姊或年長之友，敗財爲弟妹或年幼之友。

比肩主人意志堅强，不恃於人，亦不屈於人，但明義理，正直無邪。

生年或生月，干露比肩者，視之有兄弟。

庚日生，年月見庚寅
辛日生，年月見辛卯
甲日生，年月見甲申
乙日生，年月見乙酉
（以上）主無兄弟

生年比肩，獨立或爲養子。

生月元命有比肩，獨立爲商，有自主權。

生日比肩，婚事有變，或爲養子，或別成一家。

生時比肩，養子變爲承繼者。

比肩三刑，主貧窮，與妻別居。

生月帶空亡，有手足亦不能爲力，不然，即死別。

生月坐墓死沐浴，有兄弟亦早亡。

比肩重比肩，父緣薄，死別者多。

比肩與羊刃，見於生日時，與父生別或死別。

比肩與刼財，見於生日時，父緣薄，死別者多。生年再見，爭端多，婚事晚成。

干上比肩，支下比肩，主有兩家，或爲養子。

生年月有刼財，志氣高，無蓄財，好飾表面，有誇大之思想，一時雖可見發達之曙光，但不能久，齟齬顚倒，苦於內政，背義亂禮，專事投機，結局失敗，流於窮困。

生月支刼財，或生日刼財，自尊心強，勞多，財難聚。

生月支刼財或敗財，好勝負事。

生年月有刧財傷官羊刃三者，主破廉恥，或傷身。

生年月日時有刧財，夫婦初婚實難諧意，謹防口角。

刧財羊刃多，人面獸心。妻不吉，或病，縱分離久。

刧財羊刃雖見，但有食神，或他柱有正官，爲吉命。須知正官能制羊刃。

男命刧財多，剋妻。

刧財正財有，妻亂家敗，已成孤獨貧窮。

敗財較正財力弱，性質亦正直。

比肩刧財敗財雖多，若四柱中不拘何處有正官，亦不受傷害，則正官能制以上諸星，乃爲大吉命

比肩刧財敗財及印綬星（印綬偏印）有，身雖過旺，但生月與生日二者之間，夾正官支者吉。如

年　比肩　癸丑

月　偏印　辛酉

日　　　　癸亥

戌，此例酉亥之間，夾戌土正官（亥戌戌）其作用官。

第五表　露干藏干互配作用表

干露＼支藏	比肩	敗財（刼財）	食神	傷官	偏財	正財	偏官	正官	偏印	印綬
比肩	家有二	爲賭而損爲自己關係人而損	業務事業均佳	家庭內有風波	有財之爭父母問題女性問題	得妻力有財得兄弟之益	爲親友有擔心事或損失	正直、有信用得社利或承繼	自己業務可斷他助勿動手	兄弟姊妹別居實分手
敗財（刼財）	有金錢問題家庭上有苦情	改業轉業均有損、利少勞多、求人時注意	有意外之喜（錢物人）	生活流轉、損多、婚難成	爲自己長官有損	受欺詐、注意家庭事	迷心多、凡事多曲折	家庭內苦情多	好藝、受損	經營利減浪費
食神	作不用經濟才能之業務	有幸福宜軍人	有財福、可大發展	共同事業好、獨斷失敗	一生適意	大幸運	多苦辛	人敬之、子肖、功成	有依賴心、女爲賤婦	有福德受人提拔
傷官	爲他人苦多、損亦多	不大發展、稍有利、妻不貞	命或小利、女[illegible]緣	態度傲慢、爲他人有損、	有信用、己獨利、	他人失敗、我則成	苦勞多、有損、婚事難成	承繼不利、男女事難成	不如意多、苦多	事物多故且失敗
偏財	與父不和、生女性問題	多支出、	幸運、宜金融	難得大幸運	有經濟手腕、女緣多	幸福多、工商都好	父子間不善	有人援助、商工業都好	苦多、貧家子也	有財福、壽長、家庭美滿
正財	苦勞少、一切難適、女緣多	不如意多、再娶妻	幸福多、男女皆同	生活上多變、失敗多	金地出入、多	幸運、業務發達、女命苦	商工業均好、女命助夫	有德望	交際擅長、藝術家好	不如意多垂成而敗
偏官	受欺詐、女惑女命剋夫	勞多損大女命再嫁	性燥、頭腦好	歸原	好命	有善行	苦勞多女助夫	疑心多、有損女不貞	不從長官之意有損	受人提拔女命助夫
正官	得承繼	令人有損	業務發展、地位向上	成而敗、令人失策	受人提拔	爲上司斡旋金錢	疑多、少決斷力	發展	改弦更張	業務發展
偏印	苦勞	苦勞	損己兒女體弱	受連帶之累	飲食店業好	因藥商好	二心不定	手腕長、勿作己外事	苦勞	厭兩家
印綬	一切順利	爲關係人受損	利益多怕	按實作事	爲商	商業隆昌	不可爲商	適合工商宜	商號有二	業務[illegible]

（註）一柱之干與藏干自相配合，非與他柱錯用，故爲餘用也。

（十）露干藏干互配之作用

以上所述爲各變通星之作用，若四柱之干露支藏（見後月律分野圖），自柱配用，可供參酌者，取其要點，列一表以示之如左（露藏干支互配作用表第五表參照）

十二支中之藏干曰，「元命」，以受氣之深淺，當於何干定之。生月藏干之變通星曰，「元命神」，生日藏干之變通星曰，「胎生元命」。元命生月生日爲重，而生年生時次之。生月爲本身之運元，可查一切消息，故極重要。節氣深生人，厄運到來之前，必有吉事，或幸運降臨，錦上添花。節氣淺生人，雖在幸運中，亦不能久，幸福之來也遲。其中間生人，吉凶亦居其中而不偏。試擧一例，以言藏干：

生年	癸丑	癸倒食	
生月	庚申	己偏財	
生日	乙丑	癸	
生時	辛巳	戊正財	

此人立秋節後五星故淺。年月日時，皆取地支中藏干之淺者定之（查月律分野圖即可）。年支丑，含癸辛己，癸佔九分半故取癸。月干申，含己戊壬庚，己佔七分半故取己，爲元命。次定藏干變通星之名，生日乙見癸曰倒食，見己曰偏財。餘做此。

月律分野圖

巳：戊五分半、庚九分、丙十五分半	午：丙十分半、己九分、丁十分半	未：丁九分半、乙五分、己十五分半
辰：乙九分半、癸二分、戊十八分半	月律分野圖	申：己七分半、戊三分、壬三分、庚十六分半
卯：甲十分、乙二十分		酉：庚十分、辛二十分
寅：戊七分半、丙七分、甲十五分半		戌：辛九分、丁二分、戊十八分半
丑：癸九分半、辛二分、己十八分半	子：壬十分、癸二十分	亥：戊七分半、甲四分、壬十八分半

（十一）　適職之案出

職業當否，爲人生成敗之樞機，故其選擇不可不愼。選擇之法，先由月支藏干之變通星以出之，

第六表 適職業出確定表

干之變通星 ＼ 藏干之變通星	比肩	敗財（劫財）	食神	傷官	偏財	正財	偏官	正官	偏印	印綬	備考
比肩	官吏、律師	與同旋性之商宜	金融業、出租商、當舖	技術的工業	職業商可、商人則不可	商業好	官吏	薪俸生活、會社員	實業商、武藝家	製造販賣業	獨立自主的業務適當（除軍人、包工以外均可）
敗財（劫財）	共同事業、不可、以外者均可	共同事業以外者、均佳	金融、當舖可	技術方面事好	獨立買賣好	〃	不論某種業務無妨	薪俸生活、會社員	獨立可矣	律師、掌帳包辦	不與人作共同事業。技術方面的事、投機事業、飲食業等類可
食神	金融業外、出租商可	金融業出租商、當舖	當舖、出租商	可與人作共同事業	月俸生活、小賣商、貿貸業	鐵工、商業	會社員、小賣業	當舖、其他出租商	飲食店、金粉界	商工業均可	當舖、股票、藝術、農業薪俸生活均佳
傷官	律師、中間介紹、買賣不可、其他皆可	勞動社會方面事業好	共同事業均可	文藝、技藝技術的事業均可	一切都好做	古物商	文藝、藝術人氣性商	投機事業、以外者均可	飲食店營業好	小賣商人、其他買賣人均可	古董美術、律師、買辦等類佳
偏財	正直性的業務	日用品商	金融可爲	跑經紀、一切中買人業可	商工業、機械	染織、貿易小賣	商人、工業家	商工業均可	飲食店營業均可	商工業大好	廣告業、小賣、金融業等類佳
正財	商工業	不可爲商、爲職商宜	工業家好	〃	一切均可爲	一切業務均可	薪俸人、商人	商工業一切都好	金粉界、伶人、人民生性商佳	手工職業好	備貨莊、武藝家、其他商工業均可
偏官	不可做共同事業	守分可也	不可作金融業、與當業	堅實守分之職適當	投機事業不見佳、堅實之事業佳	一切業務均可	官吏好	正確守分之事	除共同事業以外者均可	製造販賣商人可	支配人之事業均好（官吏軍人、建築包工等類）
正官	用智而支配的事業	俸給生活以外者均可	商工業都好	商工業可	〃	商業工業都好	除商人以外之業務均可	作支配人之事好	商工業可	商工業	會社、銀行、其他實業界均佳
偏印	手工職業佳	〃	日用品、小賣業佳	一切順利	實業商、飲食店	醫師、藥劑師、藥材工業	行商、貨貸業務	商人	飲食店營業	飲食店營業	人氣（要人）性的買賣好（伶人、理髮等類）
印綬	製造販賣業佳	〃	跑經紀、股票出賣人、其他商業	一切商業都好	〃	宜工業、不宜商業	薪俸人	商工業都好	旅館、公寓之經營	飲食店營業	仗自己能力的事均好（教師技師等類）

〔註〕備考欄內所說，乃月支及藏干之變通星，示其適當之職務位，備用表中干之變通星格，以出之。

再與月之露干，互相配用，定其確當與否。玆列一表（第六表適職索出確定表），以資爲用。

第四章　地運星及其作用

一、地運星之定義

地運星有十二，亦曰十二運，子丑寅卯辰巳午未申酉戌亥是也。大橈作子丑以名月，謂之枝，有事於地，則用此辰。枝幹相配成用，枝者支任爲義，世從易作支。地枝亦分陰陽，子寅辰午申戌爲陽，丑卯巳未酉亥爲陰。十天干寄臨於十二支，立名曰，長生，沐浴，冠帶，臨官（建祿），帝旺，衰，病，死，墓，絕，胎，養。沈孝瞻曰「十干自長生至胎養，分十二宮，氣之由盛而衰，衰而復盛，逐節而分，遂成十二。而長生沐浴等名，則假借形容之詞。長生猶人之初生也。沐浴猶人之既生之後，沐浴以去垢，如果核已萌，則苗端之青殼已離也。冠帶猶人之年長而冠帶也。臨官猶人之既長而壯，可以出仕字民也。帝旺猶壯盛之極，可以出輔帝王，而大有爲也。衰，盛極而衰，物之初變也。病，衰之盛也。死則氣盡而無餘也。墓者造化收藏，猶物之埋於地也。絕者前氣已絕，而後氣將續也。胎者後之氣續，而結聚成胎也。養者如人養胎於母腹也。自是而復生，循環無窮矣」。然考廣錄，則謂『命名取義，示多未通。如長生之後，繼以沐浴，謂之敗地，言嬰兒初生，沐浴氣弱，不能勝而敗也

•夫沐浴溷事，既不足列於生旺之屬，且世無洗兒，遂至敗壞乎。又以淫慾之役，豈裸形而浴者，皆宜浴乎。況自生趨旺，一路發榮滋長，方生何以忽敗，既敗又何以復旺也。冠帶雖成立之義，亦爲不倫，臨官之官，帝旺之帝，尤屬無謂。當正其名曰，生，長，成，盛，旺，衰，病，死，墓，絕，胎，養。生者起生，長者漸長，成者初成，盛者正盛，旺者太旺，旺極而衰，病者位纔焉，則名當而理順矣」。然此不過爲十二運命之辨，非否認十二運之存在也，故不多及之。茲列地運星表第七表，以供檢索。

夫十二運可察人世運命盛衰之強弱，配於四柱，可知己身之運勢，配於大運，可察其時盛衰之強弱也。四柱以生日爲主，次察生月之支，生年生時又其次矣。雖然，四柱大運流年，縱屬生旺，亦未必皆吉，有休囚死絕，亦未必皆凶，此不可不知也。

十二運中，衰病死墓絕及沐浴，皆爲弱運，胎養長生冠帶臨祿帝旺，皆爲生旺之運，特冠帶臨祿帝旺大吉。十二運配四柱，若爲病死墓絕，變通星雖吉，不得成爲大吉，若爲凶星，則更凶矣，爲帝旺，則可名利兼收，爲建祿，則可徒手空拳成家業。

十二運由生日干，找四柱中之地支爲何運，如甲日主人，其柱見亥爲長生，見子爲沐浴（參照地運星表）。由生日干找年月時之支爲何運，則曰「逢」。生年干找生年支，生月干找生月支，生時干

第七表　地運星表

十二運名稱 / 干支	長生	沐浴（敗）	冠帶	建祿（臨官）	帝旺	衰	病	死	墓	絕	胎	養
甲	亥	子	丑	寅	卯	辰	巳	午	未	申	酉	戌
乙	午	巳	辰	卯	寅	丑	子	亥	戌	酉	申	未
丙戊	寅	卯	辰	巳	午	未	申	酉	戌	亥	子	丑
丁己	酉	申	未	午	巳	辰	卯	寅	丑	子	亥	戌
庚	巳	午	未	申	酉	戌	亥	子	丑	寅	卯	辰
辛	子	亥	戌	酉	申	未	午	巳	辰	卯	寅	丑
壬	申	酉	戌	亥	子	丑	寅	卯	辰	巳	午	未
癸	卯	寅	丑	子	亥	戌	酉	申	未	午	巳	辰

（註）四柱各自縱而索之，則曰地運居。以日爲主，索他柱地運星，而橫取之，則曰地運逢。皆從日主取居，他柱取逢。

按生支時，則曰「居」，以別地運居作用之界。如

生年　癸……丑　冠帶　居　冠帶　逢
生月　壬……戌　冠帶　居　養　逢
生日　甲……午　死
生時　丁……卯　病　居　帝旺　逢

二、干合變化十二運

十二運因干合亦可變化，謂此曰「十干合化十二運」，即生日干與四柱中地支藏干化合，而變其原有十二運之名稱也。但四柱原有之十干，雖有化合，不能變其十二運，故不得謂之爲合化十二運也。如

生年　癸……丑　己　冠帶逢，衰合化
生月　壬　戌
生日　甲　申
生時　己　巳

生日甲與丑藏干己合化成土，土見丑爲衰，故甲見丑爲冠帶，又一變，而爲衰也。先斷冠帶，後斷衰。

四柱中之地支，設爲空亡，亦受此變化，而改稱十二運，謂此曰「空亡變化十二運」。如

生年　甲　寅　絕　即庚乙合，化金，而變爲胎運，但庚戌日之空亡

生月　丁　卯乙　胎、胎十干合化帝旺空亡變化在卯，又一變而爲帝旺。胎與帝旺並斷可也。

生日　庚　戌　衰

茲附一表，以供索出合化及變化十二運名稱之便。

第八表　合化變化十二運名稱速知表

十干合化十二運	木性	火性	土性	金性	水性	空亡變化十二運
長生	亥	寅	申	巳	申	病
沐浴	子	卯	酉	午	酉	死
冠帶	丑	辰	戌	未	戌	墓
臨官	寅	巳	亥	申	亥	絕
帝旺	卯	午	子	酉	子	胎
衰	辰	未	丑	戌	丑	養
病	巳	申	寅	亥	寅	長生
死	午	酉	卯	子	卯	沐浴
墓	未	戌	辰	丑	辰	冠帶
絕	申	亥	巳	寅	巳	臨官
胎	酉	子	午	卯	午	帝旺
養	戌	丑	未	辰	未	衰

十二運俗又分之爲有氣無氣之別。有氣云者，即胎養長生沐浴冠帶臨祿帝旺七運是也。無氣云者，即衰病死墓絕五運是也。如納音木命之人，由酉年酉月酉日酉時（木命見酉爲胎）起，七箇命爲有

第九表 納音十二運表

納音十二運 ＼ 納音五行	木	火	土	金	水
自生	己亥	丙寅	戊申	辛巳	甲申
自敗	壬子	丁卯	己酉	甲午	乙酉
自冠	癸丑	甲辰	丙戌	乙未	壬戌
自臨	庚寅	乙巳	丁亥	壬申	癸亥
自旺	辛卯	戊午	庚子	癸酉	丙子
自衰	戊辰	己未	辛丑	庚戌	丁丑
自病	己巳	丙申	戊寅	辛亥	甲寅
自死	壬午	丁酉	己卯	甲子	乙卯
自墓	癸未	甲戌	丙辰	乙丑	壬辰
自絕	庚申	乙亥	丁巳	壬寅	癸巳
自胎	辛酉	戊子	庚午	癸卯	丙午
自養	戊戌	己丑	辛未	庚辰	丁未

氣。納音火命之人，由子年子月子日子時（火命見子爲胎）爲有氣。無氣者，於木命，則由辰年辰月辰日辰時起入衰，火命之人。則由未年未月未日未時起入衰。

納音十二運，字頭冠以『自』字，以與地運星者別也。納音主人內藏之性質，地運星主人表而所現之性也。故當二者兼檢，以免差錯。均以生日爲主，生月次之，生年生時又次之矣。

三、地運星之作用

（一）長　生

丙寅　丁酉　壬申　癸卯　戊寅　己酉

長生運日生者，溫順不與人爭，有人望，頭腦好，智力深，處事圓滑，得妻之力。爲支配人型，功成名就。

生年長生，中年發達。

生月長生，晚年發達。

生日時並見長生，大發達，揚名社會，身分高，福祿厚。

生時長生，子亦發達，能承父業。

女命生於此日，無破害，一生幸運，有孝子丙寅，壬申最貴。

四柱中有正官正財印綬或金神，其中不論何者，有一吉星，即為福祿之人（但戊寅，丁酉癸亥日生者，福稍淺）。

納音自生（見前納音十二運表），主為有人格者，理性發達，心平壽長，向上發展。

（二）沐　浴

甲子　庚午　辛亥

此日生者，多變化之命也，多病多迷，宜修養。不得承繼一切，與親疏遠。再有比肩刧財七殺，性情剛烈，手足不親，奢侈傾情，溺於女色。男女婚事不成。

生年沐浴，老貧，或傷妻，或變業。

生月沐浴，中年時本身有變，夫婦緣薄，父子離。

生日沐浴，親緣薄，早離母，妻緣有[illegible]。四柱再有比肩七殺，主人剛烈，不納人言，親疏，奢侈，色情深。但乙巳日生有德福祿，富有別病。

生時沐浴，老境多衰，遇刑衝破害，最終不良（子有破運者）。

年柱空亡，見於生日，必走他鄉（男女同）。

以上地運雖凶，若天德月德貴星，而良化之，或四柱中有印綬正官正財等，亦可緩和之四柱中只有一沐浴，按其紹織如何，反有生禍者。

女命略同男命。眞正沐浴，對夫不滿，或有離別之不幸。甲子辛亥日生者，剛强好勝。

納音自敗，主多敗，虎頭蛇尾，好色。

（三）冠　帶

戊辰　丁未　癸丑

丙辰　己未　壬戌

冠帶日生，主有才德，男女皆慈悲心重，社會上地位高，亦有名。設初年不佳，中年以後，必大發達晚運。有援助手足之美風。

生年冠帶，老有幸福，夫婦緣變。

生月冠帶，中年（四十歲以後）發達，再有吉星更吉。

生日冠帶，援助手足，男女姻緣易變，住址不定，但有支官或食傷者得免。壬戌日丁未日未月生者，癸丑日丑月生者，親緣薄或不和，正官正財食神印綬，不論何者有一吉星，品位至，行爲正，官途商工業，均可發達。故冠帶爲中和之星也。但受刑衝，或七殺倒食劫財傷官等星多，主行爲不正，生投許心，或迷於投機市場之中。

生時冠帶，主子發達，但恐患陰部病耳。

女命冠帶日生，端正有良緣，若遇凶星，恐尅翁姑。無敎育者，不免恣意放縱。壬戌癸亥日生，性剛好勝，改嫁。

納音自冠，主有先見之明，處事圓滿，有人望。

（四）建祿

甲寅　乙卯　庚申　辛酉

建祿日生，性質溫良恭謙，受人敬愛，多藝，初年好者中年後衰，反者運亦反之。商業佳，男命有財尅妻，無財反佳。女命尅夫，甚者再嫁，妾得廟見之證。

生年建祿，晚年發達

第二圖　五行生旺圖

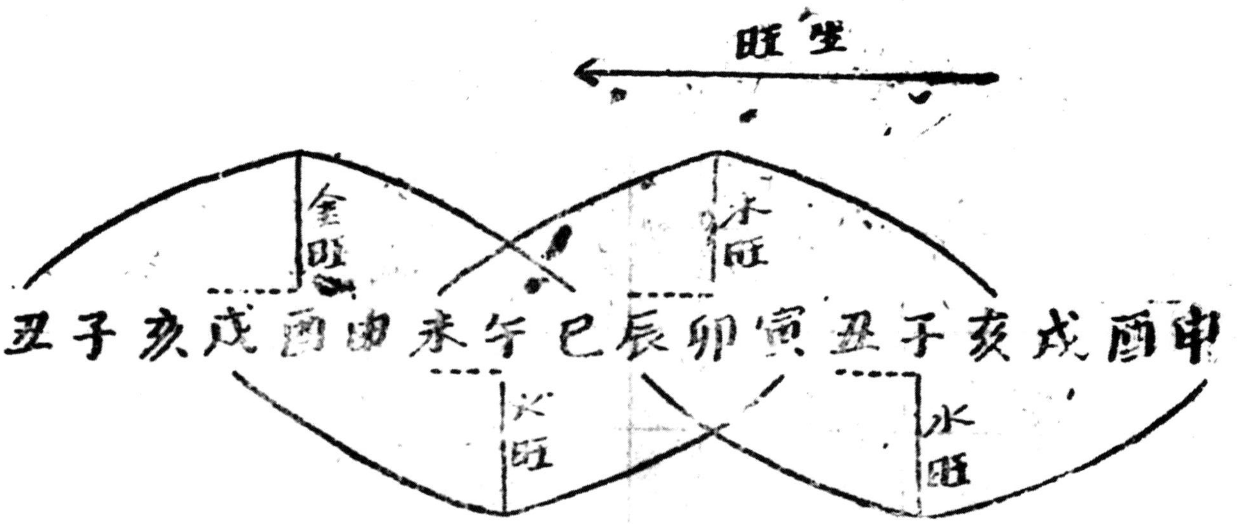

土居中央，寄母生。如戊在巳，己在午。又說寅有戊，午有己，土隨火母生旺之地。

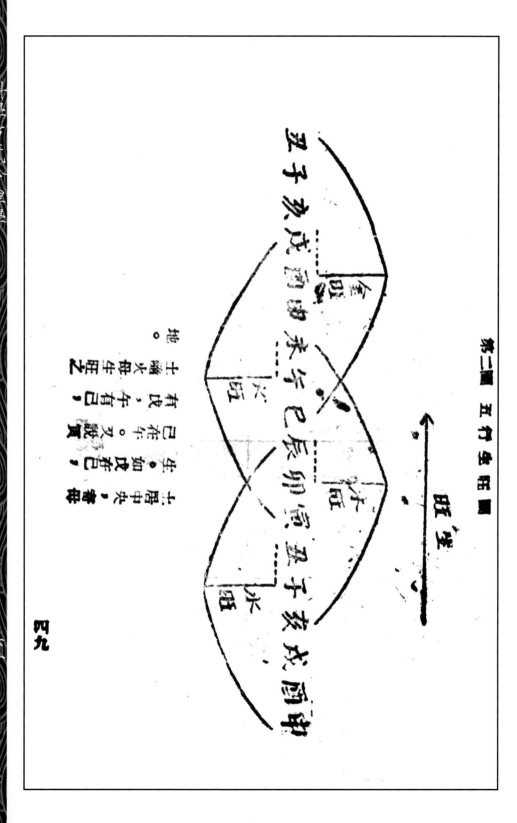

姓名

年　月　日　時生（男命 女命）

命　空亡

順行 逆行　歲運

納音 性運				
身强弱				
生人	年	月	日	時
干支變通星及刑衝化合	(干) (支)	(干) (支)	(干) (支)	(干) (支)
地派星 居				
地派星 逢				
干支諸星貴人及吉凶神星 生月支				
干支諸星貴人及吉凶神星 生日干				
干支諸星貴人及吉凶神星 納音				
干支諸星貴人及吉凶神星 其他				

五行　金　木　水　火　土

四柱之總評

流年大運之評斷

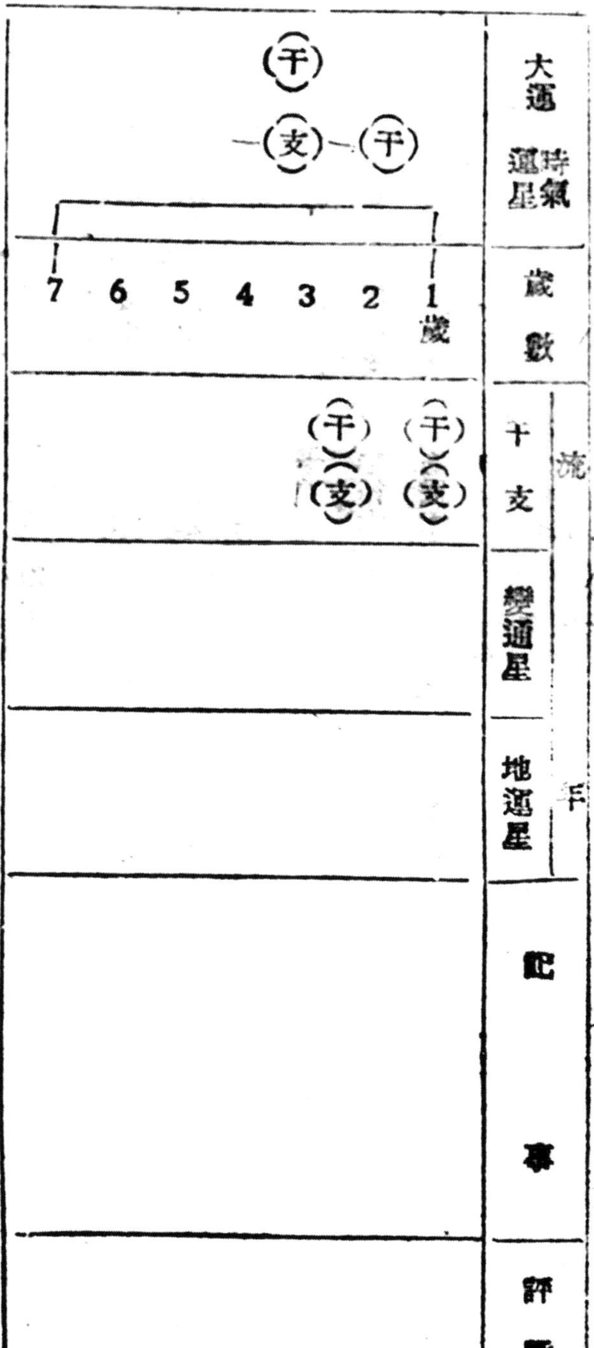

命處填，何命，如甲子則寫海中金命。空亡以日爲主，書出之。

備考　四柱按各表，有者塡實，無者缺之。

五行塡寫，按四柱干支計之，如有金二水無，則於命字傍書二字，無者爲。（金二水。）

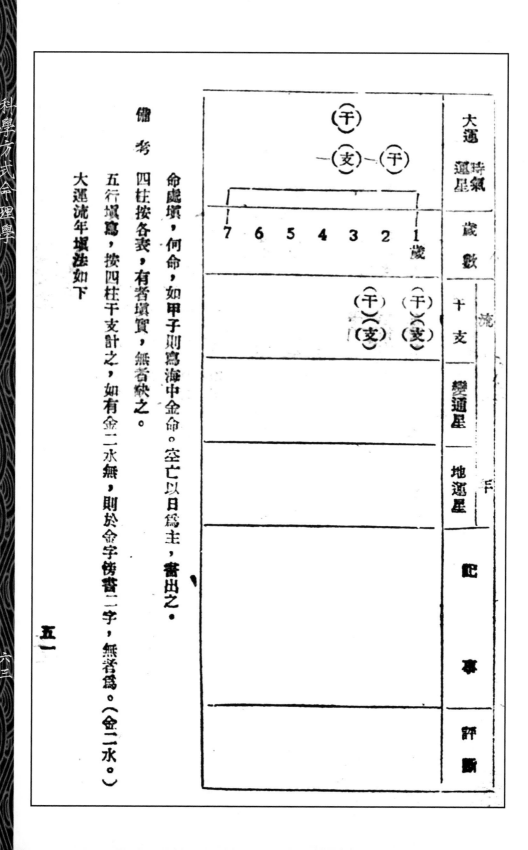

大運流年塡法如下

記事欄內塡寫生日，大運流年互相對衝刑衝等事項。評斷欄內塡寫斷語（按記事事項而綜合評斷之）。

食神

（甲）　偏官 戊寅 → 病

1歲	庚寅	偏印	病
2歲	辛卯	印綬	死
3歲	壬辰	比肩	墓
4歲	癸巳	敗財	絕
5歲	甲午	食神	胎

海中金	爐中火	大林木	路傍土	澗下水
劍鋒金	山頭火	楊柳木	城頭土	井泉水
白蠟金	霹靂火	松柏木	屋上土	長流水
沙中金	山下火	平地木	壁上土	天河水
金箔金	覆燈火	桑柘木	大驛土	大溪水
釵釧金	天上火	石榴木	沙中土	大海水

附錄三，六十甲子性質表

1	甲	子	從革之金	海中金
2	乙	丑	府庫之金	
3	丙	寅	赫曦之火	爐中火
4	丁	卯	伏明之火	
5	戊	辰	雨土下木	大林木
6	己	巳	近火之木	
7	庚	午	始生之土	路傍土
8	辛	未		
9	壬	申	臨官之金	劍鋒金
10	癸	酉	自旺之金	

1

1	甲	戌	自庫之火	山頭火
2	乙	亥	伏明之火	

1

3	丙	子	流行之水	澗下水　福聚之水
4	丁	丑	自旺之水	
5	戊	寅	受傷之土	城頭土
6	己	卯	自死之土	
7	庚	辰	氣聚之金	白蠟金
8	辛	巳	自生之金	
9	壬	午	柔和之木	楊柳木
10	癸	未	自庫之木	

2

1	甲	申	自生之水	井泉水
2	乙	酉	自敗之水	
3	丙	戌	福壯祿厚之土	屋上土
4	丁	亥	臨官之土	
5	戊	子	天將之火，天之本家	霹靂火
6	己	丑	水中之火，神龍之火	

2

7 庚 寅
8 辛 卯 歲寒之木 —— 松柏木

9 壬 辰 自庫之水
10 癸 巳 自絕之水 —— 長流水

3

1 甲 午 自敗之金，强悍之金
2 乙 未 偏庫之金 —— 沙中金

3 丙 申 自病之火
4 丁 酉 自死之火 —— 山下火

5 戊 戌 土中之木
6 己 亥 自生之木 —— 平地木

7 庚 子 厚德之土
8 辛 丑 福聚之土 —— 壁上土

9 壬 寅 自絕之金
10 癸 卯 氣散之金，自胎之金 —— 金箔金

4

	干	支		納音
1	甲	申	偏庫之火	覆燈火
2	乙	巳	臨官之火	
3	丙	午	銀漢之水	天河水
4	丁	未		
5	戊	申	重阜之土	大驛土
6	己	酉	自敗之土	
7	庚	戌	堅成之金	釵釧金
8	辛	亥		
9	壬	子	專佐之木	桑柘木
10	癸	丑	偏枯之木	

4

5

	干	支		納音
1	甲	寅	自病之水	大溪水
2	乙	卯	自死之水	
3	丙	辰	自庫之土	沙中土
4	丁	巳	自絕之土	

5	戊	午	自旺之火	天上火
6	己	未	偏庫之火	
7	庚	申	二木，金居	石榴木
8	辛	酉	木上	
9	壬	戌	偏庫之水	大海水
10	癸	亥	臨庫之水	

6

5

生月建祿，不住原籍，中年發達。

四柱食神一位，生月或生時建祿者，幸運也。倒食少德。劫財遇建祿，好酒色。

女命生日建祿，溫和不活潑，暗助夫運。甲寅日生者，夫緣有變。生時建祿，子發達，享其福。

納音自臨，溫厚有品，聰明伶悧，記憶力佳，通義理，圓滿主義之性格也。

（五）帝　旺

丙午　丁巳　壬子　癸亥

戊午　己巳

帝旺在十二運中，作用最強，但不得專視之爲吉爲禍也。四柱中有官星制者，吉。無制伏時，則自尊心強，人皆遠之。雖然，其為人同情心重，終屬不惡，可漸發達，亦獲福利。男命為長男之生，獨立獨行，自尊心強，金錢浪費。生年生月有沐浴衰病死絕等，或有比肩劫財，為養子宜。不住家園，不然，親緣薄，妻緣變。癸亥日丙午日午月生者，壬子日子月生者，丁巳日巳月生者，父緣薄。

女命多尅夫（特丙午生），妻權盛（無官星或夫運弱），夫運強則妻病。

生年帝旺，名門之生，本人氣揚，慈善。

生月帝旺，心性莊重嚴格，有大奮功，不居人下。

生時帝旺，子發達，興門第。

納音自旺，忍耐力強，自尊心大。女尅夫再嫁。

（六）　衰

乙丑　辛未　甲辰　庚戌

男命此日生，性質淡白溫柔，不嗜奢侈虛飾，親緣薄，妻緣易變。背井離鄉，苦勞多，生活不如在生家。但年月運強，以後亦能發達。病死絕之運多，不免易受災害，故須注意。學者醫師宗教家技藝家，均能發達。甲辰日生者，庚戌日戌月生者，父緣薄。

女命此日生者，表面溫柔，內心苛酷，不侍翁姑。特甲辰庚戌辛未生者，良緣少。

生年衰，晚年衰，或親家衰，氣衰運中之生人也。

生月衰，中年之氣運衰，再遇衰運，更甚。爲人周旋有損，耗家財。

生時衰，子不發達。

納音自衰，溫厚無大志，疑心大，婚姻有苦。

（七）　病

丁卯　壬寅　癸酉　丙申　己卯　戊申

此日生人溫厚篤實，好靜（丁卯己卯癸酉日生爲然）。幼年中年時代體弱，親緣薄。多思多勞，妻緣變易，二次者得免。陽干生者，有進取性，但氣短耳。陰干生者，不活潑，有手足亦不睦。戊申日生者，與父不和或緣淺。

生月病，中年氣運衰，或多病，或家有痛心事。

生年病，晚年家有痛心事，或病弱，或父運弱。或有煩惱時之生人也。

生時病，子病弱。

女命此日生者，溫順不活潑，中年喪夫。或家敗，夫婦分離。或見棄於男，不能偕老。病死絕之柱，凶災甚。戊申癸酉日生，夫緣薄。

納音自病，安分守己，不苦於事物，有慈心，嫉妬，好藝術。

與沐浴爲表裏，死運所慮之事太周，壞事反佳。沐浴運，所業爲之事，早行及遭損。

（八）　死

乙亥　甲午　辛巳　庚子

此日生者，心靜，爲人打算。短氣，不信人言，乏決斷力。辛巳日生者，親緣薄。旣長之後，父存之中，不得承繼産業。乙亥日生，帶刼財，夫婦緣薄（男女同），愈動愈惡。

生月死，兄弟緣薄。

生年死，親緣薄。

生時死，子緣薄。有亦難恃。

女命死日生人，不害夫運，但與子緣薄、乙亥庚子日生者，難得良緣。

納音自死，智慧深，柔和情重，少德，精神過敏。適於學術技藝。

（九）　墓

丁丑　戊戌　癸未　丑乙　丙戌　壬辰

此日生者，親手足緣薄，居處不定，早離家園，苦勞多。倚著心强，有殖財力，不時浮飾生於貴家者，中年時代開運。生於富家者，中年時漸衰。心中多憂，夫婦緣變，二次者得免。日時有偏官，遇墓，主生涯中幸少苦多。偏官怕遇墓，男主傷子，女主不幸。四柱中多墓，富於理財性，但不免吝嗇耳。

生月墓，親兄弟妻事緣薄，金錢有損。但月日相衝，多生於富家，有財祿。

生年墓，縱爲末子，亦能守祖先之墓。

生時墓，幼時體弱，父子俱有殖財力，但緣薄耳。

女命墓運生者，少良有，丁丑壬辰日生者，夫緣更薄。

納音自墓，萬象歸原，事物圓滿，但稍偏屈耳。

（十） 絕

庚寅　辛卯　乙酉　甲申

此日生者，親，兄弟緣薄，早離生家，不論如何富家，財產必敗之運也。男女皆浮沈不定，一事無成，稍好色，信甘言，失敗。夫婦緣薄。但作下流事業人氣事業，尚可意外發達。生日有印綬者，得稍免。

生月絕，社會上，孤立或受損失。

生年絕，親緣薄，授子亦難設。

生時絕，子緣薄。

女命絕運生人，不害夫運。甲申辛酉日生者，短氣。

納音自絕，吉凶未定也。沈滯，多言，短氣。

（十一）胎

丙子　丁亥　戊子　己亥　壬午　癸巳

此日生者，不論男女，皆虛弱，中年後壯健。性質溫和，無冗言，諸事易感，方針職業屢變。妻緣多變。但身有財祿。壬午癸巳日生者，有強財力。丁亥日生者，父緣薄。

生月胎，中年職業屢變方針。

生年胎，老時有族宗之累。

生時胎，子變父業。

女命此日生者，主賢明，但多痴愚，翁姑不和。丙子己亥日生者，對夫及翁姑均惡。

納音自胎，冷靜，不與人爭，敬上親下，有慈善心，俠義寬大。發明或研究事最宜，但性不長耳

變通星十二運相配運勢評斷表

天干通變星＼地支十二運（逢）	長生	沐浴	冠帶	臨祿	帝旺
比肩	幼少年時、兄姊幸福。不受他人之養育、幸。（到十三歲）	兄姊緣薄、其中必死一人。弟兄中有行止不定者。運命好壞起伏。	生於幸福之家、四柱好、則幸運。四柱中有印綬不爲養子。	兄弟姊妹、有在外成功者。本人亦努力家、有性生活安樂。	好運、榮達。獨立獨行、轉變雖多、有實力。得兄弟之力。
劫財（敗財）	得兄弟之助。有兩個、則不和。父母早婚帶子來、孩命短。	不幸之生也、作所不定。手足有剛者有貧者。	少德、十三歲或二十四五歲孝來、不然逆轉苦苦。手足中有不幸者。	不得承繼遺產。命中有變、不爲大好之運。女姑夫再嫁。	不得承繼本家。家緣風變。女破夫運、再嫁。
食神	爲人謹厚、品行方正、衣食自由、運命漸佳。女命有之女、四柱中有食神、替夫行事。	生於不幸時、母乳不足、於他人。二十五歲財產、岳家衰落。女命[illegible]皮肉。生涯子女死則呆。	生之兩後、家道漸昌、永無災。女命賢婦也、有子女孝育。	生於有家之家、一生幸福。女命夫成功、有好子女。	家有財產。母方兄弟成功。俸給生活宜。
傷官	生涯多變、中年好、晚年壞。父母中一人緣薄。術好。女命有兒女後則好。	男女皆少幸福。生時家敗或失業。女命子女緣薄。	生月生時傷官、生後家幸運。女破夫運。	獨立經商成功、不繼父而繼叔父之產。	幸運。中間有惡運、按四柱如何、能救之。
偏財	父運漸好、親戚尚衆、有賢妻。女命四柱多官星、夫運好、良緣也生。	生時父有災或失[illegible]、[illegible]失敗。妻不[illegible]、奕不[illegible]。	生之、家道漸昌、父有展力、得妻後更好。女命四柱無比肩、得良緣。	生後、父運愈好。甲丙日生人得良善家之女爲妻。	出生前後、父運好但吝。女得良緣。
正財	家庭好、十三四歲開運、道[illegible]。甲丙日生人、得妻財、幸運。一丁日生人、得妻於主入方面。戊己庚辛壬癸六日生人、犯妻之口舌。女命得良緣、但須四柱中無正官偏官傷官。	生涯中多變、多辛苦。三十三歲或至二十五歲、時運不好、開錢之損。有妻不良、再緣。	生於幸家。妻亦能幹。女命得良緣、但忌四柱中有劫財。	生於殷裕之家。可爲富商。妻良、執家政。	家有財、業昌。娶上司之女爲妻或入贅他家。女命理家子、夫死、操業爲女主。
偏官	生爲人上、幸運。有好子女、生涯無平安。女命良緣、不可好時再嫁、轉好運。	生活比苦。事事不進展。女命夫緣不良。	性質偏屈、有耐心、獨立不居人下。女命爲夫多勞。	生於正系之家。有聲望、實業界社長經理均佳。女命夫緣佳、但或再嫁。	生於良家。有成功之實力、性偏屈、不居人下。
正官	正直、有道德。一生少困難。女命良緣、一生幸福。	發生承繼問題。女命夫緣不佳（夫不幸或爲浮浪者）。	幸運也、生於父效勞之家。女命得良緣。	生於正統之家、將來成大人物也。生時正官、防老最之不佳。	俸給生活、或運動家揚名。子緣佳。
偏印	母緣、生於繼母。甲丙戊庚壬日生人、有後妻賢。乙丁己辛癸日生人生於他、母或他家。	幸運少、多苦勞、生於他人。至十三歲、父母中必去一人。	乙丁己辛癸日生人、生義母。甲丙戊庚壬日生人、幼年時、父去故鄉。運多變。年月日有此者、宜實業界。	生於有財之家、但日義爲學者宜。爲醫、至十三歲父母中一人死或生別父母（多一）死。	青少年時、爲義母所勞。養育於人。或爲螟蛉。
印綬	生於繁榮富貴期中。母有德、壽長。	不能繼開職業。生活不順、夫早死。母再嫁後、或早死於[illegible]。	家庭好、幸運也。名利雙收。	父運好、業務發達。母賢、來緣後、幸福。本人性質溫厚誠實。	事事居在人上、父母爲女工、爲養子。

衰	兄弟緣薄、有亦不能助足。本身與子不好、之運皆不收、十三歲家敗、為養子。	幼年時失父或母、寄養於他家。本人及子足運皆不佳。	生時家道好、十四五歲至二十五歲家道衰、中年運之人也。	幼年時喪父或母。父母運衰不好。	生時家富、父十二三歲時、父運衰。多苦。	生時有財、誠。自立長大、漸別離家庭、娶妻。	家衰、命苦。女命多勞、運不佳。	有變之人也。但因大生、運、亦可住好。性格、敬之女命死別良人。	別父或母、家運衰、多。早年女命子緣不佳。	運順、少年時好。生時好。十三四歲或二十五六歲家運衰、[illegible]
病	不承繼、為兄弟多勞。為養子。	家運衰。本人好運少、為手足勞、中有其勞者。生時母多病。	生時家有財、但有間隔而減、多勞。老時幸福來。	父或母緣薄。親戚亦遠、有之亦難為力。	家庭好、父交游廣。生後家日衰。有賢妻、娶後諸日發。	家有財、中年時減。戊己、庚辛日生人、壬癸日生人、與妻無緣、中途死別。	運不佳、多變化。如何、但按四柱亦可轉化。女命夫緣不佳、女再嫁、開運。	幸少、生活上多變。子女死別。	雖有財、運敗漸減。父或母緣薄、獨自生活尤難。	懷姙中母有病、或二十三四歲、二十五六歲損敗改業。
死	親、兄弟緣薄、正直努力、可來好運。幼年時死別骨肉親屬。為養子。	幼少年時骨肉生別或死別。手足中有短命運者。本人不知人情。	先好、後漸衰、須努力。女命生活無間、但無子女者多。	為思、過節。離別父母。	家運衰、家中死人多。不承父業。	生時家富、幼少年時減、一貧如洗。甲丙日生人有好妻。乙日生人、妻緣薄。戊己、庚辛、壬癸日生人、再娶則妻強。	少時性格、生活變化多。女命夫之業務失敗。	生時父母多勞、家有爭論。中運少失敗多。	幼年時母乳少、少性事務不繫心。	母緣薄、或母體弱。為商先失敗、大後雖多勞心、成功長。
墓	幼少年死別親屬、生家有財產、常親屬中、運命消長起伏。	兄弟死別、家庭多不圓滿。人面默心。	得祖產、後敗。女命子女死別。	父母緣薄（在幼年時）、有遺產、成功人方承之。無時則為養子。	父緣薄。晚年發好、諸事繫心。	生家有偏業。壬丙日生人、有經濟才能。甲日生人、妻緣薄。乙己、丁日生人、死別。戊庚辛癸日生人、妻緣不佳。	生於俸給生活人之家。運多起伏、勞多、苦。子女別。女命別夫。	生來好運少、名敗身殘。	幼年時母乳少、家運良好時之生人也。多苦、以勞力技術為宜。生活好運家。	十三歲或二十五歲、別父母。建日者做、不免辛多、支出亦多。
絕	兄弟緣薄、幼年時死別或生別。中年時兄弟離別、不承繼。為養子。	為商失敗、信任人則可。娶妻、姓子。	生家有房產之災、將來多災厄、須努力。	早別父母、或多苦勞。諸事不如意。	家日衰、幼別父。不然父運亦不佳。	生家有資產、少青年時減。庚辛壬癸日生人妻好。乙日生人、死別妻。甲丙日生人、失敗。戊己日生人、妻、十之八九入贅他家。	不斷苦勞、無子女、有則死別。女命別夫。	須自努力。子女死別。女命夫多勞、或死別。	不幸連續、多苦辛。積蓄減。	家運不佳時之生人也。父母緣薄、勞苦多。
胎	長男亦不得承繼家產。	家中多事。有兄弟、但親則不同。	命隔	運有起伏、家中多事。	生時父不在、平平之運也。	家運向盛之時出生人、將來幸運。甲丙庚辛戊己日生人、壬癸日生人好妻。乙丁日生人、妻身弱。	父運向好時之生人也。女命結婚後夫運更佳。	將來有大幸福。	運見也、生後即離母。	生家漸好、業務亦見起色。將來之生人也。時運好。
養	手足中有被他人扶育者。正直努力有功。	正直努力有功。兄弟姊妹、有寄育於他人家者。娶妻。	生家有不動產（當鋪、金融業）。商、可漸漸起色。	幼少年時、寄育於他人。按四柱如何、亦可成功。	父為養子、或易姓入贅。本人幼少年時寄育於他家。	有土地、房屋。甲丙戊己庚辛、壬癸日生人、出於良善之家。妻、丁乙日生人、岳家漸衰。	生於作事之家、遇運時努力、可成功。職位、俸給生活宜。	心正、小心翼翼。得使役人之地位。	幼少時即別（父或母）、生別、死別、寄育於他家。生活轉變。為學者醫師適當。	生於工業或農家。工藝均為適職。可有好運到來、須研究努力。

六壬趨艮格（合祿格）	壬日、寅時生，四柱多寅。		喜身旺運。流年亦同之。	怕午中衝。四柱見官星。行申運、刑寅不吉。
六甲趨乾格（合祿）	甲日、亥時生，四柱多亥。	自然富貴。		忌巳衝。忌財星、寅巳二字不佳。流年同。
勾陳得位格	戊己日主、四柱有亥卯未。戊寅日、戊子日、戊申日、己卯日、己亥日、己未日。	財官分明、柱無刑衝、富貴雙全、太平之命也。	行東、北方運開運	忌刑衝殺旺。大運流年同之。
玄武當權格	壬寅、壬午、壬戌、癸亥、癸未、癸巳、[illegible]日、四柱有寅午戌。	溫和、智慧、有鬚、面赤黑、或而猛、佐國家之一老臣也。	正財、正官、身旺運、開運成功。大運流年同之。	衝破身刑凶。流年同之。
炎上格	丙丁日生、四柱有寅午戌午局。	火者文明之象。學者成博士、朱紫貴、廟堂之人也。	喜東方（甲乙）運。或南方。身旺流年同之。	忌壬癸水、庚辛金。怕衝。西、北方多[illegible]。
潤下格	壬癸日主、四柱申子辰全、或亥子丑全。	器宇無量、貴人也。清秀、量宏。	喜西方金。冬月生人、金紫榮身。位列公卿。	忌辰戌丑未、官殺。東、南運不佳。怕衝剋之亥、行運同之。過土則壞。運沌滯。
從革格	庚辛日生、四柱有巳酉丑、或申酉戌。	秋月金其人有權、朝寺相也。	庚辛申酉西方、開運成功。	怕刑衝、運亦同之。忌丙丁巳午運（但醫術家可）南方火運不佳。
稼穡格	戊己日生、四柱有辰戌丑未。	信實、品行敦厚、豐肥、生財有道、富貴之人也。	喜西、南方西運。喜正財偏財。正月時戊己重者佳。無木剋、自成福。	忌東方甲乙之寅卯。偏官北方財運。忌正官。又忌北方、不吉。
曲直格	甲乙日主、四柱有亥卯未、或寅卯辰、無庚辛。	仁慈清高、長壽。	喜北方運（大貴）或東方。	怕庚辛申酉金氣、忌西方運。
日德秀氣格	丙子、壬午、辛卯、丁酉日生。或天干有二乙、支有金局。			怕刑衝。運亦同之。
福德格	乙丁己辛癸五陰干日生、四柱有巳酉丑金局。	幸運、長壽。		嫌火鄉、官鄉。忌衝破。

棄命從財格	四柱有財星、身旺、無比柱印綬。	權內或爲養子		
傷官生財格	乙日生、四柱有寅午戌三合火局。		行火鄉財運吉。	宜帶戌字氣印。忌刑衝及偏印。
棄命從殺格	偏官旺、而無制。		喜官鄉。喜財運偏官旺。	忌日主有寅卯。怕日[illegible]逢或生我之運。
傷官兩殺格	如甲乙日生、寅午戌火局全、干頭又有庚辛		喜火制生福。行旺運好。中和爲福貴。	忌見財。
六乙鼠貴格	乙日、子時生、四柱多子、原無官星。	繁榮、名揚。		辛見酉、庚見申、或有丑福少。忌刑衝破害。大忌有午。
倒衝格	丙日生、四柱無官星、午多。	功名顯達。		忌癸、子字減福。流年大運同之。
又格	丁日生、巳多。			忌壬字亥字、減福。流年大運同之。
夾丘格（一名拱財）	日支與時支間夾正財或偏財（限於辰戌丑未四支）。		日主自旺吉。行財運、身旺運幸。	忌支出現於四柱。忌支合、官殺。
兩干不雜格（兩干連珠格）	四柱有兩干（再有兩旺丑）	此格平凡。亦幸運也。		
天元一氣格	四柱天干一字者（支無刑衝）	有吉福。		
支辰一字格	四柱地支一字者。	發福之命也、女再嫁。		

附錄二、格局表

格名	組成	性格	喜	忌
正官格	生月支、有正官。四柱無正官傷官偏官。	威儀顯揚、國家有用之材、大丈夫之人格	時上有財星貴人也。喜印綬身旺財星。流年亦同之。	怕衝、怕見傷官七殺。大運亦同之
雜氣財官格	辰戌丑未生人外有財星或官星(月上最佳)	獨見財爲尊貴	生月支多衝好、四柱無刑衝、行運刑衝長壽幸福。	
月上偏官格	生月支、有元命偏官。四柱無正官偏官。	性重、剛執不屈。	身旺主貴福。食神能開運榮昌、多亦不好。大運食神吉。	怕衝多。身弱有禍。忌刑衝羊刃。大運流年見偏官、有生命之危險。
時上偏財格	生時上有一位偏財。	榮華之身。	身旺富福。身旺有官、行官運佳。	怕衝破。身弱財去。年月日有財星怕刼財比肩。運同之(損失多錯剋妻子。)
時上偏官格(時上一位貴格)		性重剛執不屈	不怕沖、羊刃。有印綬身旺福祿豐。有印綬化偏官、運强身、福祿全。	正官偏官並見、忌身弱刑害。逢死絕禍重。
飛天祿馬格	庚日壬日生、四柱多子(用子衝午見官)		四柱中有寅及未。有戌成火局更妙。	庚日生、四柱見丁及午減福。流年亦忌之。壬日生、怕有巳、午。大運流年同之。有丑破格、行運不佳。
又(藏者之別格也)格	辛、癸日生、四柱多巳(用亥衝巳見官)		四柱中有申酉丑二字成火局尤妙。	癸日忌四柱有戌。大運流年亦同之。辛日忌四柱有丙及巳、減福。大運流年亦同之。
乙巳鼠貴格	乙日、丙子時生、四柱無官星。		乙巳運、寅運皆幸	怕午衝、忌丙字。柱中有庚辛、申酉丑、特別庚辛減福。大運流年同之。
合祿格	戊日、庚申時生。		行南方運、好。	忌四柱有甲乙丙寅卯、巳字刑破。申子丙傷庚字減福。大運流年同之
又合祿格	六癸日、喜庚申時。			四柱有戊字或巳字刑破申。丙子破庚申時減福。大運流年同之。
子遙巳格	甲子日、甲子時生。		喜官旺鄉。喜官星運、身旺運	忌四申庚字、七殺。怕庚辛及申酉丑、子不得離去。午衝子福減。大運流年同之。年

丑遙巳格	辛丑日、癸丑時、四柱中多丑無官。		甲、酉字佳（巳酉多金局）	四柱中有子、子丑合丑不得去生官星。辛丑日、四午丙丁、巳午字減福。大運流年同之。癸丑日、戊巳巳丁字不要。
壬騎龍背格	壬辰日、壬寅日生、四柱多辰或寅。		壬辰日、生四柱多辰、成功、社會有名。寅多富也。壬寅日生、四柱辰多寅多、名富並收。	忌官星、刑衝、見之損壽。
井欄叉格	庚日生、四柱有申子辰三合水局。		庚日以丁爲官、宜行甲乙地、南方丙丁。	四柱有巳字、丙丁減福。大運流年同之。柱中寅午戌一字亦不可有。
歸祿格	生時逢建祿、四柱無正官偏官。		喜身旺、身旺運同之。食神傷官財運亦好、洩福。天午有財星好。	比肩劫財刑衝破害、絕對不好。大運流年忌正官偏官運。
六陰朝陽格	辛日、戊子時生。	名利高之人也、秋生、日非亥子、榮華富貴眞奇也。	子一字佳、（衝則吉）。西方、次則東、南	子字多、不衝。四柱有丙丁午、衝不成矣。故減福。運亦同之。忌北方。
刑合格	癸日、甲寅時生。（庚命傷甲木不入格）		有正官偏官好。丑酉開運成功。	四柱有戊巳字減福。有申字減福。大運流年同之。
拱祿格	丁巳日、丁未時、己未日、己巳時、癸丑日、癸亥時、戊辰日、戊午時、壬子日壬寅時		行建祿之支運、佳	忌四柱有衝拱祿之支。四柱有傷官日干上有偏官不可。建祿之支、運不可見、減福。官星來、破之不可。大運流年同之。
拱貴（人）格	甲寅日、甲子時、壬子日、壬寅時、甲申日、甲戌時、戊申日、戊午時、己未日、乙酉時、辛丑日、辛卯時	幸福多、自然天佑。		四柱中貴人支、不可見。貴人拱位不可衝。四柱有官星衝身者不可。七殺壞拱減福。刑衝破害拱支者、不可。大運流年見刑衝之支不可。或有相同之支二者、不可。
印綬格	生月亥、有元命印綬。	文章秀、吝嗇	四柱有財星、及可生福。印綬多、須行財運、但印運凶、喜偏官正官印綬。正財偏財、喜劫財比肩。喜生旺。行印官劫財羊刃比肩運好。	忌傷官、食神。原柱有財破印、忌死絕病敗運。凶（？）
雜氣印綬格	辰戌丑未月生人外有印綬（財星官星）		喜四柱有刑衝破害、行官運佳。行運刑衝、偏財運正財運可漸佳。	忌財星。

第十六表　大運變通星與流年變通星相互關係

大運變通星＼流年變通星	印綬	偏印	正官	偏官	正財
比肩	幸年。財可求事可爲。	勿糊爲、勿當保。有[illegible]理之責難。	有[illegible]利爭之年。	男女皆爲小事而遭損破財。爲女則多辛勞。	勞而有代價、萬事亨通。
劫財(敗財)	得意外之援助。	自重、一失足千古恨。	勿輕[illegible]對方、勿[illegible]金錢。	易受騙之年也。	四苦八難效果少。
食神	幸運之年也。	易破產分散之年也。勿多事、小心。注意身體	男女皆幸運也。	[illegible]出錯之年、不可偏重感情、女命爲財與夫爭。	大幸運之年也。諸事順心、財可求。
傷官	履霜堅冰至、勿因不得意不交往。男皆爲母有[illegible]性。女命居。	損失之年也、有失家庭之和睦。女命婚姻有苦。女周旋事。	無路可行多怨。	不順之年也。男女皆注意行、勿被案人疑、以求福。	中上之運也。多賴人力而成功。
偏財	可爲商。	不安無事之年也。	無損益之年也。但有不[illegible]心處。	幸運之年也。官可陞、財可發	業務成功之年也。家庭美滿
正財	易出錯之年。協和要緊。	宜做店營業。利用下人好。	幸運之年也。多[illegible]、而得[illegible]外來。	[illegible]人忙、多花錢之年也。但極下善果	幸運之年也。諸事吉。子女上注意。
偏官	徒勞無功之年也。	諸事不順多花錢之年也。	誠意、小心。注意女性。	[illegible]壞運之年也。	幸運之年也。諸事皆宜。
正官	積極進行可。宜實業家	地位好、但多財務之出、女命偏印家有災。	比較的佳年也。人敬之。子女有非。	多惑之年也。言行宜正	萬事如意
偏印	平安之年也。勿多事。母身上稍用心。	凶運也。女命注意產耶。	地位好、但不可用聽讒行事。	財不可求也。	自重則有人助。
印綬	勞而多敗、與兄女別離。	宜守舊、忍耐之年也。	好運也。宜努力前進、勿自失也。	至極順利之年也。婚事成。有喜、有利。	多憂之年也。

偏財	宜注意之年。爲商損失。有土地房產之爭。家有病人或有色難	過路財神。防女難。	進行一切。均可介紹交換、有利益。女子有關係者事。	無利益之年。家庭、女性宜注意。均作介紹事。可商	得惠之年。財也。宜結婚。	進財，支出亦多。勤意於副業之手。	諸事宜忍耐。注意女性	吉運也。有意外之財	仍舊慣、何必改作。	繁榮之年也。
傷官	吉祥多之年也。注意疾病	爭平、備而無患。與人協力	進級榮轉之年。爲商宜。元命正官傷官之人宜注意。女命勿溺愛	事物易於之年也。勿推行。	爲人可利已之年也。注意女性	買賣物。可發財。家中有事	有小人爲祟。	有破壞已者。	不佳之年也。諸事小心。女命注意健康。	諸事踵來
食神	努力得報之年也。	幸年、但小心。求進、可婚。	共同事業或金融事業均佳。進財之年也。	非吉非凶中運也。服從上司有利可發。子女身上有事。	幸運之年。吉運也。	發財之年也。勿失機會。	多波折之年。宜慎之（休職、失業、病）。	從心所欲。結婚或其他喜事。	凶運也。注意飲食、疾病、女兒。	努力有功大好運也
劫財（敗財）	不順心之年也。	一切勿動	亦屬爭運。但多不成。衰多（死）	一切不順利。勿多事、勿求財。與人投機。有關利家有事。	注意得色、否則有金錢損失之年也。有病人。女難。女命再嫁。	要謹慎對方。不然受損之年也。宜結婚。有病人	生動機要著手新事。本年凶。	不滿意之年也、勿與對方謀。注意色情	事事出錯之年也。	有事來求注意金錢之支出。
比肩	進物之年也。	意見衝突之年也。注意病。	將有人緣之助。	多苦、宜聽人言、以圖恢復	財帛上有爭之年也	事業發展援助他人	易生紛爭之年也。	自重前進可也。	不佳之年也。諸事宜審議而復行之。	爲行好運基礎之年也。
備考	比肩運、管兄弟友人、妻子分家爭端等事項。	劫財運、管父母、姊妹及家庭中諸問題。	食神運、管食祿食品、家具及其他所得諸事項。	傷官運、管妊夭、商業上或權利上訴訟諸事項。	偏財運、管製造、販賣、買賣或病、死諸事項。	正財運、管損失、財產、共同事業、婚姻、戀愛諸事項。	偏官運、管疾病、種種損失（商業、包工、名譽諸事項。）	正官運、管承繼、地位、名譽、權利諸事項。	偏印運、管[illegible]、人、或意外之損失。	印綬運、管業務、工業、商業、宗教諸事項。

（十二）養

甲戌　庚辰　辛丑　乙未

此日生者，略與長生運同，分家或爲養子，男女性質好色。再婚者多。庚辰日父緣薄，但本人意志堅强。甲戌日生有收財與正財者，妻緣屢變。

生日養，中年時有桃色問題。

生年養，父爲養子，或本人爲養子。不然，即析居男住。

生時養，老時得子之孝養。

女命此日生者，亦略同長生。庚辰日生者，不得良緣。

納音自養，主人無依賴心，自力生活，則滿處事。眞面目性質之人也。

（十三）變通星配十二運

至若十二運配於干頭通變星，亦可査運勢之消長，兩者決斷之助。茲爲便利起見，列一表於下（變通星十二運相配運勢對査表第十表）

第五章　身旺及身弱

推命之時，須查身旺身弱。身旺云者，扶生日干之星多之謂也。身弱云者，害生日干之星多之謂也。四柱之輕重，賴此而定。身旺命者，主身體意志均強，身弱命者，身體意志均弱。非身旺者，即屬幸運，身弱者，即屬貧困疾病，不過弱者，雖來幸運，亦難鴻展，四柱構局良好，亦無大補，殊爲遺憾耳。

一、身旺

長生地運，丙寅，丁酉，戊寅，己酉，壬申，癸卯日生人。

沐浴地運，甲子日生人。

冠帶地運，丙辰，丁未，戊辰，己未日生人。

建祿地運，甲寅，乙卯，庚申，辛酉日生人。

帝旺地運，丙午，丁巳，戊午，己巳，壬子，癸亥日生人。

衰地運，丙戌，未日生人。

病地運，丁卯，癸酉日生人。

死地運，乙亥日生人。

墓地運，丙戌，戊戌，己丑，丁丑日生人。

養地運，乙未，庚辰，辛丑日生人。

有與生日干同性之比肩，刼財，敗財。

有生生日干之印綬偏印。

甲乙日生人，生月有寅卯亥子者，或四柱中有亥卯未三合木局者。

丙丁日生人，生月有巳午寅卯者，或四柱中有寅午戌三合火局者。

戊己日生人，生月有辰戌丑未巳午者，或四柱中有巳酉丑三合金局者。

庚辛日生人，生月有申酉辰戌丑未者，或四柱中有巳酉丑金局者。

壬癸日生人，生月有亥子申酉者，或四柱中有申子辰三合水局者，亥卯未木局者。

納音自生自冠自臨之日生者，或四柱自臨自冠自旺自生者。

二、身弱

冠帶地運，壬戌，癸丑日生人。

沐浴地運，乙巳，庚午，辛亥日生人。

衰地運，甲辰，乙丑日生人。

病地運，丙申，戊申，己卯，壬寅日生人。

死地運，甲午，庚子，辛巳日生人。

墓地運，壬辰，癸未日生人。

絕地運，甲申，乙酉，庚寅，辛卯日生人。

胎地運，丙子，丁亥，戊子，己亥，壬午，癸巳日生人。

養地運，甲戌日生人。

正官偏官多者

正財偏財多者

食神傷官多者

印綬偏印雖有，但又見正財偏財害之者。

傷官多無財

財星獨多者

有偏印食神而無制者

第六章　納音及五行

一、納　音

納音乃干支消息相通之意也。如干支乙丑甲子，納音均稱為海中金。其求法如下

甲乙為1　　子丑午未為1

丙丁為2　　寅卯申酉為2

戊己為3　　辰巳戌亥為3

庚辛為4

壬癸為5

五行五音　木1　金2　水3　火4　土5

干之數與支之數相加，5以上者則減5，餘1之時，即為木，餘4之時則為火。如甲子年生人，

甲1子1合爲2，故金命也。

推命之時，須求年月日之納音五行及納音十二運，並參照其他條件，以定善惡吉凶。九星則不然，其生年生月同者，即以同一斷法斷之，此所以不取也。其餘參照納音十二運表及附錄六十四甲子性質表，則可矣。

二、五　行

六經論五行者，始見於尚書洪範，曰一五行。一曰水，二曰火，三曰木，四曰金，五曰土。大禹謨曰，水火木土穀。惟修其源，起於河圖洛書之數。蓋圖書一六水也，二七火也，三八木也，四九金也，五十土也。在圖左旋而相生，在書則右轉而相尅也。然土於圖書，爲中宮五十之數，無定位無專體者也。獨呂氏春秋，以土直季夏之月，以順相生之序。白虎通又以土夏辰戌丑未之四季，而分旺於四時。文王後天圖象，坤艮二土，獨居夏秋冬春之交，則火之必得土而後能成金，水必得土而後能生木也。

關於五行相生之解說，如白虎通云，『木性火者，木性溫暖，火伏其中，鑽灼而出，故木生火。火生土者，火熱故能焚木，木焚而成灰，灰即土也，故火生土。土生金者，金居石依山，津潤而生，聚火成山，山必生石，故土生金。金生水者，少陰之氣，溫潤流澤，銷金亦爲水，所以山雲而從潤，故金生水。水生木者，因水潤而能生，故水生木也。」關於五行相剋之解說，白虎通則謂「天地之性，眾勝寡，故水勝火也。精勝堅，故火勝金。剛勝柔，故金勝木。專勝散，故木勝土。實勝虛，故土勝水也。」世之論五行者多宗此。試繪一循環圖，以示其關係如下（第三圖五行生剋循環圖）。

第三圖　五行生剋循環圖

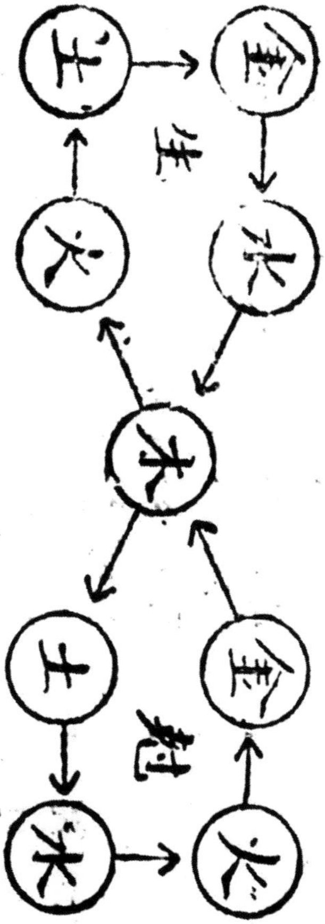

五行用事，貴其均衡，不可偏勝，太過宜剋削，不及則喜生扶。故生者多，被生者多，不可，剋者多，被剋者多，亦不可也。

金賴土生，土多金埋
土賴火生，火多土焦
火賴木生，木多火熾
木賴水生，水多木漂
水賴金生，金多水濁。
金能生水，水多金沉
水能生木，木多水縮
木能生火，火多木焚
火能生土，土多火晦
土能生金，金多土弱。

金能尅木，木堅金缺
木能尅土，土重木折
土能尅水，水多土流
水能尅火，火炎水灼
火能尅金，金多火熄。
金衰遇火，必見銷鎔
火弱逢水，必爲熄滅
水弱逢土，必爲淤塞
土衰逢木，必遭傾陷
木弱逢金，必爲斫折。

强金得水，方挫其鋒
强水得木，方泄其勢
强木得火，方化其頑
强火得土，方止其燄
强土得金，方制其壅。

以上所論，皆其作用勢力而言，亦猶今日所謂官能過剩官能減退或不足之謂也。並非木得金，即爲棟梁之器，金得火，則能鼓鑄成器之說也。李子鄴謂，命以一行爲主，以餘行增損補救。又各得一方一時之運，春木用事，則金退，金退非金眞衰也，乃無權者讓有權，是以衰也。若命屬金，得氣極薄，四柱無金土以助之，行運又無金土以救之，即謂之貴弱可也。貴夭不貴，胥決於此，命之寄於五行，非五行之寄於命也。其說概可從也，餘以類推。

第四圖　干支相配方位圖

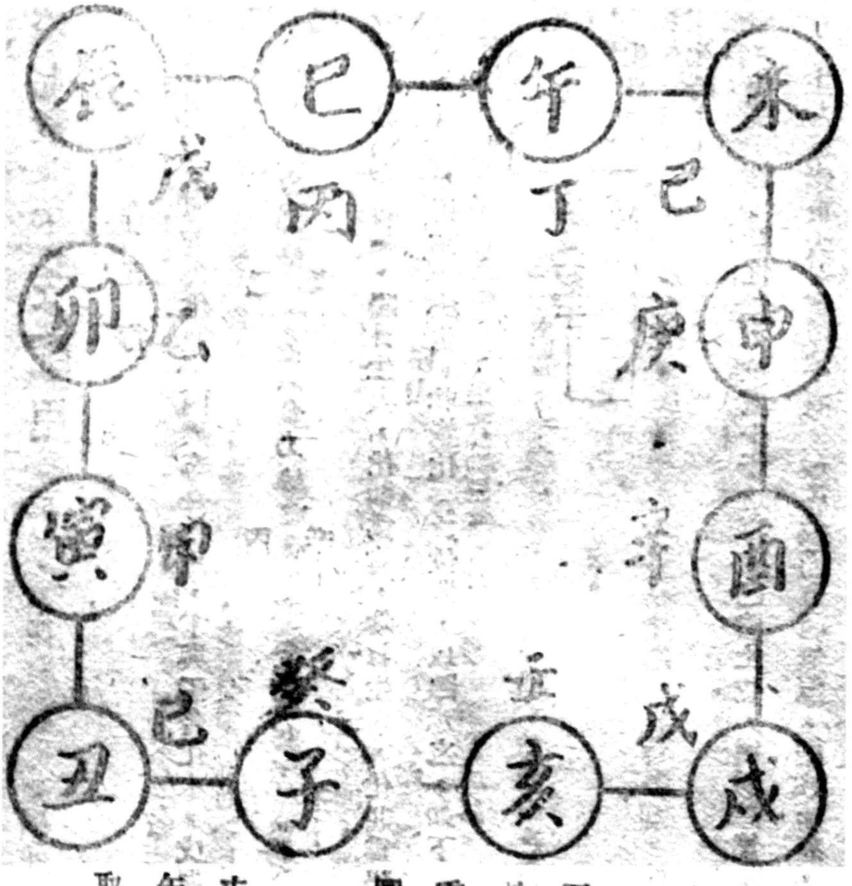

五行用事，旺各有時，惟土居無所定，乃於四立之前，各旺各十八日。甲乙寅卯木，旺於春。丙丁巳干火，旺於夏。庚辛申酉金，旺於秋。壬癸亥子水，旺於冬。戊己辰戌及未土，旺於四季。（參考第四圖干支相配方位圖）。

古來學者，以子對壬，亥對癸，午對丙，巳對丁，則誤矣。故不取也。推『時氣』時據此。

第七章　干支配用

一、五合五行

甲與己合化土，乙與庚合化金，丙與辛合化水，丁與壬合化木，戊與癸合化火。即

甲己─土（土力強）

乙庚─金（金力強）

丙辛─水（火力弱）

丁壬─木（火力強）

戊癸─火（土力強）

化者皆以生日為主而論，陽日生人，化則為陰，陰日生人，化則為陽。日本高木乘氏以月令為本，而查其干合之有無，此亦一法也。其能化合之位置，以圖示之，如下

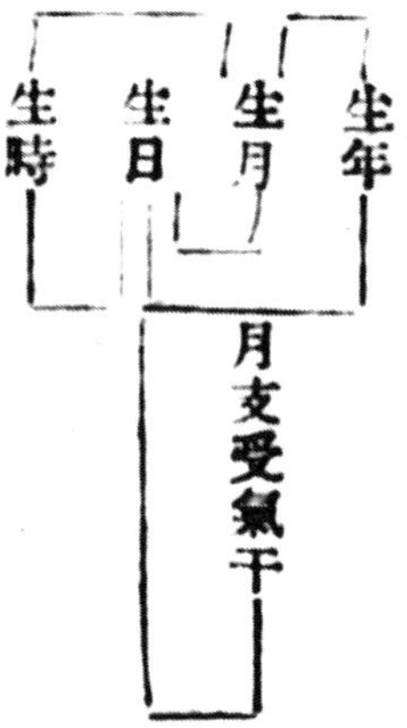

甲己合，甲陽木性，其性仁，位處十干之首。己陰土也，鎮靜淳篤，有生物之德，故名為中正之合。帶此合，主人尊崇重大，寬厚平直。如帶殺而五行無氣，則多嗔怒，性梗不可屈。甲己合婦人不

忌。

乙庚合，乙陰木也，其性仁而太柔。庚陽金也，堅强不屈，則剛柔相濟，仁義兼資，故名爲仁義之合。主人果敢有守，不戕柔佞，周旋爲人，進退惟義。五行生旺，則骨秀眉清，若死絕帶煞，則使氣好勇，體[illegible]不陽，自是非人。乙庚合婦人不忌。

丙辛合，丙陽火也，赫赫自盛。辛陰金也，刻刃喜煞，故丙辛名爲威制之合。主人儀表威肅，人多畏懼，酷毒好賄喜淫。若帶煞，或五行死絕，則寡恩少義之人也。

婦人得之，與凶星（咸池）相併者，[illegible]美聲卑，三合則夭冶而淫。

丁壬合，壬者純陰之水，三光不照，丁者藏陰之火，白色不明，故丁壬名爲淫匿之合。主人眼明神嬌，多躁易動，不事高潔，習下無志，就歡婦色，於我則文，於彼則貪。若五行死絕，或帶煞，見咸池自敗，有淫汚家風之醜。親厚小人，侮慢君子，貪婪妄作，必勝而後已。

婦人淫邪奸慝，易挑易誘，多招玷辱。或年高而嫁少婿，或年幼而配老夫，或先賤而後良，或先良而後賤。

戊癸合，戊陽土也，是老醜之夫。癸陰水也，是婆娑之婦。老陽而少陰，雖合而無情，故名爲無情之合。主人或好或醜。如戊得癸，則嬌媚有神，姿美得所，男子娶少婦，婦人嫁美夫。若癸[illegible]戊，則形容古樸，老相俗陋，男子娶老妻，婦人嫁老夫。

如上所述干合之外，尚有見支三局合者（但罕有）。三局中，二支相鄰而合者，或隔一支而合者，雖可曰局合，但其力弱。大運之支來加，亦可成三局之合，如四柱中原有寅午二支相連，大運戌時，即成爲三局合，亦能發揮作用，但因干合而破之者，則無力矣。

凡天干合，有秀氣，其人四柱得勢，爲秀氣運來到時，福德並臻。地支合，亦有福，三局全者名公巨卿，平素多福，縱生貧家，終有乘龍之時。月令生旺（養冠帶建祿地運），陰陽合德，夫婦匹配，中和之氣得，眞無上之安樂也。設帝旺運齊，合而生偏官七殺，有刧財敗財等，反過猶不及，而惡矣。

世間夫婦間之情勢，或夫從婦，或婦從夫，亦可由干合得知之。設無干合，由其制伏，亦可推出。凡陽干引合陰干之正財，則夫婦之情合。

土化：甲夫　己婦

水化：丙夫　辛婦

火化：戊夫　癸婦

金化：庚夫　乙婦

木化：壬夫　丁婦

甲日生己合　妻權盛，己亥柱妻多情。
乙日生庚合　妻虛弱，性慾弱。
丙日生辛合　妻權强。
丁日生壬合　夫婦和睦，壬多則多情。
戊日生癸合　夫婦和，再有癸，娶再嫁之女

己日生甲合　妻權盛，操家政。
庚日生乙合　妻弱，色情淡。
辛日生丙合　妻權强
壬日生丁合　夫婦睦，色情重。
癸日生戊合　夫婦睦，妻掌政。

生日干與正財干合者，色慾强。

因干合之力，有能助他干之生氣者，有能害之者，有能變其制伏力者。如

生年　正財　癸
生月　印綬　丁
生日　　　　戊
（癸戊）合化火，不害其丁之力

生年　正財　辛
生月　敗財　丁
生日　　　　丙
（辛丙）合化水，丁不害辛矣

此外，尚有本柱之干，與其自體支藏之干（按受氣之深淺，而定其能合與不能合者），謂此日，「自化干合」。如

壬
午
丁　巳
（壬丁）福最大

丁寅壬甲　福最大

戊子癸　生而聰明

甲午己丁　中等福

辛巳庚丙戊　有威嚴，有智謀

癸巳庚丙戊　主貴，有酒色之難

二、六合五行

子與丑合屬土，寅與亥合屬木，卯與戌合屬火，辰與酉合屬金，巳與酉合屬水，午與未合午太陽未太陰也。

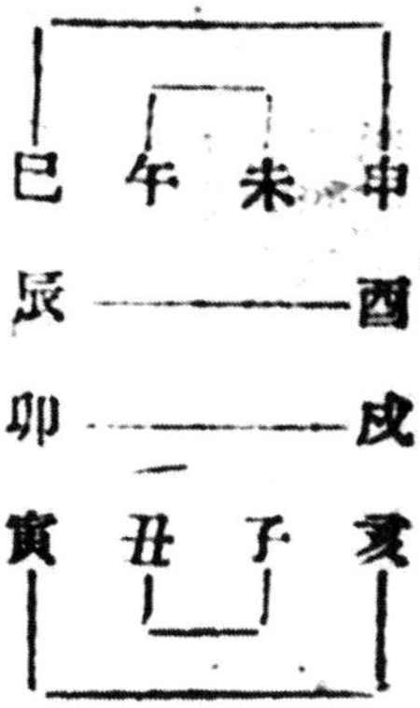

六合五行，其幸福之大小，如左

生日在寅卯酉未申，而四柱中有與之合者爲幸福。陰陽合，夫婦有情之象也，故與貴人合者，得受貴人之提拔，或與貴人有交往。反之，與凶神太歲合者夭矣。有衝者，與其衝支合者得救，蓋衝者尅戰也，以有情之合，而化其尅戰爲吉之故也。

三、三合五行

申子辰合，爲水局。

亥卯未合，爲木局。

寅午戌合，爲火局。

巳酉丑合，爲金局。

陰陽家言三合者，僅水火木金而已，不及土也。但萬物皆歸於土，即合局皆終於辰戌丑未土也。

故四柱辰戌丑未全者，當知其爲土局也。四柱按三合，找出通變星，以定吉凶善惡。生日有相生之合，有子揭名。若有官星，增福，平安渡世。此人多才多藝，言穩心慈。因三合而傷官，亦無傷也。

第十一表　三合會局變通星索出表

生日 / 三合變通	甲日	乙日	丙日	丁日	戊日	己日	庚日	辛日	壬日	癸日
申子辰 三合水局（壬）	偏印	印綬	偏官	正官	偏財	正財	食神	傷官	比肩	刼財
寅午戌 三合火局（丙）	食神	傷官	比肩	刼財	偏印	印綬	偏官	正官	偏財	正財
亥卯未 三合木局（乙）	敗財	比肩	印綬	偏印	正官	偏官	正財	偏財	傷官	食神
巳酉丑 三合金局（辛）	正官	偏官	正財	偏財	傷官	食神	敗財	比肩	印綬	偏印

註　按太玄數申子辰七九五合二十一，寅午戌七九五合二十一均陽數也。故前去取壬干後者取丙干爲用也。亥卯未四六八合十八，巳酉丑四六八合十八，均陰數也。故前者去乙干，後者取辛干爲用也。

三合遇死絕運，精神不佳，志卑留下，親小人，遠君子。

三合建祿運，幸運，有意外之財，有意外之名。

四柱中有巳酉丑金局，天干有己字，有養子，或爲人之養子。有辛字，骨肉在他鄉，死不能執弓

有羊刃，見三合會局，多走他鄉。

四柱中有三合會局，找出其通變星法如次

三合而成比肩者，人間到處親朋。

三合成刼財者，事事多敗，婚事無成，商工業亦不佳，金錢無緣。

三合食神，乃由生日相生之三合也。受諸方歡迎，有替爲出資者，會社，批發方面交際亦廣。

三合成傷官者，與上司意見衝突，或失策於近人，或破事於他人。

三合成偏財者，或作領袖，或作批發，或事通融。

三合成正財者，無金錢之不自由，社會上交際亦廣，女緣亦多。

三合成偏官者，受人之囑望，立於人頭。或作把頭，或作役頭。

三合成正官者，立於人頭，家有餘慶，或作會社之長，或作理事。得享權利。

三合成偏印者，事多關於變局，藝術業，旅館，飯店業等。

三合而成印綬者，各處有支店分權，或批發遍於各國，或涉及獨深於工業。手藝可作發明之鼻祖。

四、六衝（衝俗作冲）

子午相衝，丑未相衝，寅申相衝，卯酉相衝，辰戌相衝，巳亥相衝，即十二支發列，陰陽各相對為衝也。

衝者對擊之神也，相衝擊為殺，或地位相敵，五行相尅，故多凶也。但其中亦有為福者。如四柱中有衝，其衝為納音五行相生乃吉，如辛巳金與癸亥水，其巳亥雖相對衝，反吉，能揚名社會，出衆之秀。四柱有冲，納音五行又相尅者有之，如壬申金與庚寅木是也。主人落洒，仰天而行。若見生旺，則豪氣太壯，多成多敗，若見死絕，衰敗凶，夭折者多。四衝（辰戌丑未，子午卯酉，寅申巳亥，三組四支，全於四柱中者，曰四冲）不作衝，若有財官印綬等為吉。

生年月日時中之吉星，被衝者，其吉力傷。

生年衝生月者，父之居處變。

生年衝生日者，不受父母恩惠，離家鄉。

生日衝生年者，親緣薄。

生月是生日相冲者，不得承繼父業。

生月衝生日者，妻緣遲，早娶或不和或破緣。

建祿被衝或財星主，被衝或害者，走他鄉。

申寅一色，多主荒淫。

亥巳一色，心神不穩。

戌辰一色，生涯多勞心。

卯酉衝，多災害。

辰戌衝，見於生日生時者，多刑後妻。

四柱二戌一辰，衝者，

四柱二午一子，或二子一午，衝者，幸福少。

十二支對衝，前已言之矣。但有時，由某支獨衝某支者，其法如左

陽支……	子	丑	寅	卯	辰	巳
	←	←	→	→	→	→
陰支……	午	未	申	酉	戌	亥

五、六

子未相害，丑午相害，寅巳相害，卯辰相害，申亥相害，酉戌相害。即十二支從辰戌兩分，自戌至卯，權列於下，自酉至辰，加於其上，上下相交，即爲六害也。

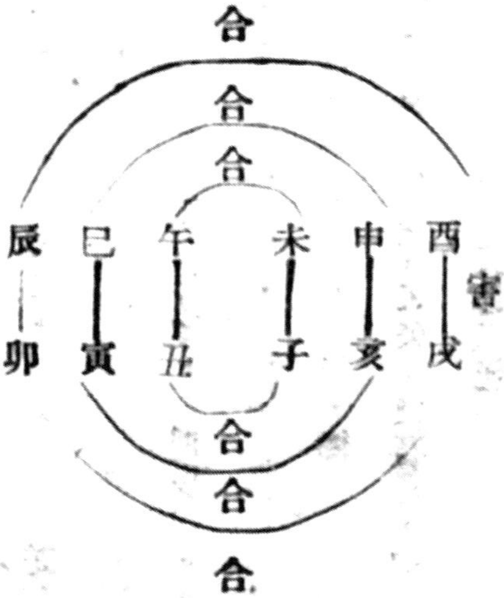

子未害，未土旺，子水旺，土尅水，乃勢家也。下顧六親骨肉。

丑午害，午火旺，丑金死，官鬼相害。生旺時，不喜敗，好怒，忍耐力少。死絕有災害。

寅巳害，各恃臨官而害，寅刑巳，害故甚。

卯辰害，卯木旺，辰土死，略同丑午害。

申亥害，各恃臨官而害，嫉妬，誇才。

酉戌害，戌火死，酉金旺，酉人見戌凶，戌人見酉，災難少。

生月生日相害者，雖長子亦走他鄉，或分家，或爲養子。婚事遲，早娶者破緣。骨肉緣薄。若有支合得免，父死承繼，走他鄉者歸。

生年生月相害者，走他鄉。

生日生時相害者，中年後，與妻別居。老年生病。

官吏官星被害者，失官者多。

商人財星被害者，無財利。

男命正財被害者，妻緣不佳。

女命正官被害者，夫緣不佳。

六、三　刑

子刑卯，卯刑子，爲無禮之刑。寅刑巳，巳刑申，申刑寅，爲恃勢之刑。丑刑戌，戌刑未，未刑丑，爲無恩之刑。辰午酉亥爲自刑之刑。

八圖

申—寅	子—卯	辰—辰
寅—巳	午—午	戌—未
巳—申	酉—酉	丑—戌
亥—亥	卯—子	未—丑

刑者凌戰之謂也。但亦不可即謂之爲凶。須看四柱中，五行旺相之有無，或官星印綬貴神福德等吉星相助之有無，有之雖刑無傷也。否則，無吉星相之助，有空亡及其他惡星，則禍深矣。辰午酉亥自刑，至於四柱，若有吉星，亦幸運也。

無恩之刑，主人物冷酷，賣友忘恩，孤立無援（死絕）。若生旺，言語少，寡慾無情，忘恩失義。女命四柱中，若有一位偏官，主有廉正心，爲骨肉

恃勢之刑，猛進則破運。生旺主精神力強，而[illegible]潤活。死絕則自瘦狡猾，卑賤安樂。女命若入賤，不免孤獨。

無禮之刑，生旺主性暴逆，而惡。死絕則[illegible]怠惰，無[illegible]天理。女命入此，刑夫，不通義理。

自刑之刑，生旺主表露心事，身體勞弱。死絕[illegible]心[illegible]，[illegible]，身[illegible]不全。女命若入此遇死

緒，不免因色得禍。

◎刑亦有帶合者，曰刑合，即四柱天干有合，而地支有刑也，此當然與刑合格不同，不可不知也。

刑合者，男女數均大忌之，蓋色情深，嗜酒，而不知反省故也。

生月與生時，有刑合，犯此者輕。

生月生日生時三者爲刑合，必因酒色而喪身亡之。刑之中，以有子卯刑者，爲最惡。

天干合，地支刑，而其支之一，又帶三合會局，月有咸池者，必因酒色不得其死焉。

第八章　干支諸星貴人及吉凶神星

四柱之變通星，十二運，及干支配合既明，復查吉凶神星，以定其輕重。

空　亡

空亡者有位無祿，有支無干之謂也。亦即十二支配十干，必餘二支，其餘支，即空亡也。空亡有行止不定，飄泊遷轉之意，猶氣象中之有颱風也。因此，有空亡之柱位，受其作用，吉星者減其吉，凶星者則更凶矣。普通以生日爲主，有時以年柱論，月柱論，時柱論（謂此日柱起空亡）。

第十二表　空亡圖

甲子	乙丑	丙寅	丁卯	戊辰	己巳	庚午	辛未	壬申	癸酉	空亡戌亥
甲戌	乙亥	丙子	丁丑	戊寅	己卯	庚辰	辛巳	壬午	癸未	空亡申酉
甲申	乙酉	丙戌	丁亥	戊子	己丑	庚寅	辛卯	壬辰	癸巳	空亡午未
甲午	乙未	丙申	丁酉	戊戌	己亥	庚子	辛丑	壬寅	癸卯	空亡辰巳
甲辰	乙巳	丙午	丁未	戊申	己酉	庚戌	辛亥	壬子	癸丑	空亡寅卯
甲寅	乙卯	丙辰	丁巳	戊午	己未	庚申	辛酉	壬戌	癸亥	空亡子丑

空亡有眞正空亡，互換空亡之別。無合（有合空亡失力，不爲空亡），無衝無刑，乃眞空亡也。互換空亡有年日互換，有日時互換。如生年甲子，生日壬戌，甲子之眞空亡在戌，而壬戌之空亡在子是也。餘類做此。年日互換空亡，日最緊要，年較輕，主大破家財，一生耗散。日時互換，時緊日緩。

空亡多者，謂之曰「潤淨格」，主佺偶無氣。

正官正財見空亡，爲九流格，主人有機智，自成一家。但妻子有苦勞。

華蓋多，見空亡，主功名可珍。

生月日時三位空亡，或年月時三位空亡，無傷，反成大貴之人。

生年生月空亡，是與妻子分離。

生時空亡，子女少。

年柱空亡，見於生日生時，主一生事遲。

四柱中貴人多，要空亡，主人美麗，優游無累。

四柱中有禍聚之地（惡神惡殺），全依空亡解。但合空亡，則能爲空矣。

食神空亡，主短命。但注意時，亦有轉機。

支死絕，見空亡，主性無爲。支旺相，有吉神，見空亡，雕鏤華藻。

女命傷官見空亡，子女一人，多生亦難存。婚事有成。

生月支 / 吉凶星別	寅	卯	辰	巳	午	未	申	酉	戌	亥	子	丑	備考
天德人 年月日時用	丁	申	辛	辛	亥	甲	癸	寅	甲	乙	巳	庚	祖先有陰德，解凶。
月德人 年月日時用	丙	甲	壬	庚	丙	甲	壬	庚	丙	甲	壬	庚	母系祖先有陰德，解凶。

天德	月日時用	壬	巳	丁	丙	寅	己	戊	亥	辛	庚	申	乙
月德	月日時用	辛	己	丁	乙	辛	己	丁	乙	辛	己	丁	乙
華蓋	（年用或日時用）	戌	未	辰	丑	戌	未	辰	丑	戌	未	辰	丑
驛馬	年用	申	巳	寅	亥	申	巳	寅	亥	申	巳	寅	亥
生成	日用	庚申	丁巳	甲寅	辛亥	庚申	丁巳	甲寅	辛亥	庚申	丁巳	甲寅	辛亥
月空	月日用	壬	癸	丙	甲	壬	癸	丙	甲	壬	癸	丙	甲
×天耗	年月日用	子	寅	辰	午	申	戌	子	寅	辰	午	申	戌
×地耗	年月日用	酉	亥	丑	卯	巳	未	酉	亥	丑	卯	巳	未

天德、月德：男女有此二星，可掩凶。有德望，受人提拔。

華蓋：孤獨性，人敬之，有藝空亡柱爲宗教家宜。男女皆緣薄。

驛馬：中年不如意，後則開運。有天德月德柱，作政治家律師宜。父緣薄。住所不定。

生成：商人機變做活。正氣官星生者，軍人官吏宜。女子喜游，尅夫。

月空：男爲人之主導者，女則居上位，不喜敗。

天耗：男女皆與男方親屬交往疏遠（或傷財）

地耗：男女皆與女方親屬交往疏遠（或傷財）

神煞	用法													說明
×白衣	年月日用	巳	子	丑	申	卯	戌	亥	午	未	寅	酉	辰	男女皆初婚者變，或死長子。帝旺柱見之，作宗教家宜。
×血刃	年月日用	丑	未	寅	申	卯	酉	辰	戌	巳	亥	午	亥	男有腸胃，陰部病。女有血道病。
×血支	年月日用	戌	亥	子	丑	寅	卯	辰	巳	午	未	申	酉	男子老後，腰下有病。或酒色。女子血道有病。
×金鎖	年月日用	申	酉	戌	亥	子	丑	申	酉	戌	亥	子	丑	性質正直，作射利性事業不成功。（夭折或早喪子）
×斷橋	年月日用	寅	卯	申	丑	戌	酉	辰	巳	午	未	子	亥	男女與親屬間不和，中年有不如意事。
×咸池	年日用	卯	子	酉	午	卯	子	酉	午	卯	子	酉	午	樂觀，好酒色。
進	日用	甲子			甲午			己卯			己酉			精勵職務，人緣的事業發達。
天赦	日用	戊寅			甲午			戊申			甲子			男女皆得免於奇禍

● ×暴敗 年月日用	亥未戌	巳子辰	申酉丑	寅卯午	中年時擔保事有損。
×下情 年月日用	子丑寅	巳戌亥	丑申	子午	救下人，下人不知恩。
×[illegible]敗日用	(甲申)(己巳)	(卯乙)(酉辛)	(酉丁)(丑癸)	未戌	寅性質機敏有羊刃多災。女子多生兒女。
×隔角 年月日用	辰巳	未申	戌亥	丑寅	男女早離生家，骨肉分居。
×浴盆 年月日用	辰	未	戌	丑	中年時，因私慾，辦他人事有損。
×深水 年月日用	寅申	未	卯酉	未亥	諸事虎頭蛇尾。若有凶星柱，恐遭水難。
×將軍 月日用	酉戌辰	未卯子	丑寅午	申巳亥	好爲人魁。軍人宜。或有軟腿病。
×天轉殺 年月日時用	乙卯	丙午	辛酉	壬子	此二殺併見爲要。

吉凶星					備考
×地轉殺 年月日時用	辛卯	戊午	癸酉	丙子	惑多，一事無成。
×四廢日 日用	庚申	壬子	甲寅	丙午	作事無成
	辛酉	癸亥	乙卯	乙巳	

（註）吉凶星頭冠「×」者，言凶也。餘則吉。

吉凶星別 \ 生日干	甲	乙	丙	丁	戊	己	庚	辛	壬	癸	備考
太極人 年用	子午	子午	酉卯	酉卯	辰戌丑未	辰戌丑未	寅亥	寅亥	巳申	巳申	男女金錢之通融不難。晚來有福。
天乙人 年月用	未丑	子申	酉亥	酉亥	未丑	子申	未丑	寅午	卯巳	卯巳	有人提拔發達（男同女）
祿星人 年月日用	寅	丑亥	子寅	酉	申	未	壬	巳	辰	卯	生涯福祿金。生日見之，自力破財。
	子寅	丑	子寅	酉亥	申	未	午	巳	卯	丑	生年月見之，受親之恩惠，或中年自
	子寅	丑	子寅	酉	申	未	午	巳	辰	丑	力生財。生時見之，得子之財祿。

暗祿	年月日用	亥	戌	申	未	申	未	巳	辰	寅	丑	男女皆有財祿，過困得救。
干祿	年月日用	寅	卯	巳	午	巳	午	申	酉	亥	子	官吏陞進，商人有信用。若帝旺日昇，或有羊刃更佳。
天廚人	年月日用	巳	午	巳	午	申	酉	亥	子	寅	卯	生涯衣食自由。若有食神，體健食豐（男女同）。
金輿祿	年月日用	辰	巳	未	申	未	申	戌	亥	丑	寅	男得良妻。若是天德月德柱，其德厚。女得良緣。
夾祿	年月日時用	丑午	寅辰	辰午	巳未	辰午	巳未	未申	申戌	戌子	亥丑	有[illegible]居，商人有分店，有意外之財來。若受刑衝或空亡，則無效。
天財	年月日時用	戊	己	庚	辛	壬	癸	甲	乙	丙	丁	得自然之財富，福貴人也。
×羊刃	年月日時值	卯	辰	午	未	午	未	酉	戌	子	丑	性質剛強，殺逆者多。但丁未乙未日生人溫厚。戊午日生人或戊日生，見午月之羊刃皆吉。
×飛刃	年月日用	酉	戌	子	丑	子	丑	卯	辰	午	未	諸事先緊後鬆，好作投機事。若有刼財宜戒。

×日刃 日時用	｜	｜	午	｜	午	｜	｜	｜	子	｜	同羊刃之作用，性質桀然，好怒。
×紅艷 年月日時用	申	午	寅	未	辰	辰	戌	酉	子	申	與人親近，男女皆多情。再有正、桃華色情過度。
×流霞 年月日用	酉	戌	未	申	巳	午	辰	卯	亥	寅	因酒色中年時後悔。老年流行恐有難。女子難產，怕年柱有傷官，支合得免。

第十三表（其三）

納音／星別	木命	火命	土命	金命	水命	備考
受氣 日用	（甲申）（乙酉）	（丙子）（丁丑）	（戊午）（己丑）	（庚寅）（辛卯）	（壬午）（癸未）	有人望，有人緣。
財庫 日用	丙辰日	乙丑日	壬辰日	癸未日	甲戌日	富貴人也
正綬 日用	癸未日	甲戌日	丙辰日	乙丑日	壬辰日	官吏軍人學者發達。商人亦能博得名譽，若有劫財七殺無效。爲人正直，有人望。

正桃華日用	卯、亥	子、申	午、戌	巳、亥	午、戌	正桃華與咸池同名。
干學 日用	巳亥日	丙寅日	戊申日	辛巳日	甲申日	男女皆好學問，知識界人物也。年柱若有為教師宜。
妨害 年月日用	子、亥	寅、卯	酉、戌	午。未	酉、戌	[illegible]婦若還，晚則吉，亥合得冠。
日貴 日用	丁酉	丁亥	癸巳	癸卯		貴星也。得受餘蔭，自然富貴。
日德 日用	甲寅	丙辰	戊辰	庚辰	壬戌	有爵祿
祿馬 日用	壬午	癸巳	[illegible]	[illegible]	寅	福德厚，人敬之。
×魁罡日用（年月日時用）	庚辰	壬辰	庚戌	戊戌	申	同七殺星。性質正義，決斷迅速。若有印綬溫厚。有凶星成為惡性之人。
×金神時用	癸酉	己巳	乙丑	（辛卯）		同七殺。有制發達，無制剛毅銳敏，人皆敬遠之。

三奇貴人	天上	年月日	庚戊甲	四柱組織好，則可發達。
	地下	年月日	辛癸壬	
	人中	年月日	辛癸壬	

×大凶大敗日；日用						非真惡也，有助反吉。若無德性，必有一不自由事（金錢學問子女上）。
	甲辰，己丑	乙巳，庚辰	丙申，辛巳	丁亥，壬申	戊戌，癸亥	

×真正大惡大敗日						
生年	庚戌	辛亥	壬寅	癸巳	甲辰	非真惡也。按四柱之組織如何，可轉吉。事多身勞。生此日者破祖產，一生多苦去故鄉。
生日	甲辰	乙巳	丙寅	丁亥	戊戌	
生年	乙未	甲戌	亥亥	丙寅	丁巳	
生日	己丑	庚辰	辛巳	壬申	癸亥	

空亡見，但他柱有正官，或空亡之支有合，或由他支衝之，或生日爲丙午，丁巳，戊午，己巳，壬子，癸亥，均有制，伏空亡之威力，故無傷也。

其他諸星，綜括一表以示之，如左（第十三表其一，其二，其三，其四）。

第九章 論男女命

一、四柱之配屬

論命之先，須知四柱干支之配屬。生日干爲本人之身體，以他干支爲作用於本人身體者。其作用之大小，生月干居第一位，生年干居第二位，生月干中受氣干星居第三位，生日支星居第四位，生年支星居第五位，生時干星居第六位，生時支星居第七位。其配於親屬也，生月干支爲父母兄弟位，生年干支爲祖父母及父母位，生日支爲妻位，生時干支爲子女位。

		祖父		祖母	
生年	2	干 父	5	支 母	世代之盛衰。一生吉凶之大略。
生月	1	干 父 兄姊	1	支 母 弟妹	親疏名利之有無。運元主將來之運命。
生日	己身	干	4	支 妻	己身及妻之興廢。己專之未來現在及過去。
生時	6	干 子	7	支 女	貧賤富貴，疾病健康如何。晚年之吉凶，子孫之肖不肖。

年之干支有凶星，不得祖父力，或己身微賤。年為根，其五行能生生「月則」，其祖父母，能傳其家業於其父。年月干支尅傷，其父或獨自立業，或破壞祖父之業。年月上有財官，支無刑衝破害。其人必得父母餘蔭。但年月干支，對生日作用不旺，亦難受父母之惠，或反破父母之福有之。日為己身，須查坐於何宮，以推其消長。生日支中所藏者曰「胎生元命」，亦曰「人元」，生之者佳，尅之者凶。

月為兄弟姊妹，四柱中同者為兄弟，敗財刼財為姊妹。四柱辛多，傷乙木，庚多傷甲木，即尅兄弟故不睦。如甲日生人，以乙為弟，設柱中辛金尅乙木，則不得姊妹之力。乙日生人，以甲為兄，設四柱中有庚尅甲木，則不得兄弟之力。凡看兄弟之有無，皆以生月為目標，而如此查之。此時，月支坐衰病死墓絕等運，雖有之，亦難得兄弟姊妹之力。

地支為妻妾。四柱中雖無戊己財星，凡由我十尅之者即為妻。財多干旺為佳，其人亦有福。財妻不佳，反成禍。財星多，身弱，為富室之贅人。妻之觀查，以生日支為目標。生日干與其支相同者尅妻，如甲寅，戊戌之類是也。

生時位查子息。男命以尅干為子嗣，如甲日生，見庚金辛金之偏官及正官是也。女命以干之所生者為子，如甲乙日生人，見丙丁之食神傷官是也。生時支坐死墓絕等運，則無子，既有之，亦不得力無偏官時，亦可曰無子。生時中有衝刑羊刃凶星，不佳。

二、論 男 命

推命之時，首查生日之強弱，以定本身之盛衰。次查生月干支中，有何吉凶之星，生年生月天干與生月支中何干為最吉，何干星為凶，則於四凶中，必得一主腦星，以此主腦星為目標，而推究運命之勢力，謂此曰「取用」。自古以來，都謂取用，必在月令，明之張楠，清之沈孝瞻，尤力主之。殊不知月令為生日得氣深淺之所繫，在八字之中，固屬緊要，但謂舍月令之外，皆不可取用，亦太膠著也。至若胎元（古法以十個月推算）命宮（生時一誤，即隨之轉移），亦多失準確，故難取用。五行納音，亦須參看。

身旺者有官星財星，能發揮其財官之力。但身弱者。則須有印綬比肩之扶助。身弱者，只有一位正官或正財或一偏財，不然，或有食神印綬等之強健柱，且無破害，亦可富貴一世也。

有七殺與偏印以遏厭他帮。

身旺日生，帶印綬，須有官星。

身弱日生，帶財星，或食神多，須有比肩

財星弱，有比肩，須食神扶助其財力。

食神多，盜泄我之身力，須有比肩助。

印綬過多，而財星弱，雖有學識，財祿亦薄。

身弱日生，多見七殺偏印空亡傷官羊刃魁罡等，時時有狂氣之發作。

比肩刼財敗財偏多者，易成精神病，誇大妄想。

生日支中有七殺倒食干，主要墮胎流產或有月經病。

甲寅日，丙午日，戊午日，辛亥日，壬子日生人，妻緣易變。但天德月德日生者得免。

丁卯日，戊子日，己卯日，庚子日，辛酉日，壬午日，癸酉日生人，日柱又有天德月德，時上妻力生財。但有刑衝無効。

甲午日，甲申日，乙巳日，乙亥日，丙寅日，丙戌日，丁巳日，丁酉日，戊辰日，戊子日，己亥日，辛卯日，辛亥日，壬午日，癸巳日生人，妻秉家政。但有刑衝無效。

甲日生，有己，丙丑未，主人忠孝正直。

甲日生，丑月命多，主人短命。

甲日生，有丙，辛，不顧母。

甲日生，亥月有午，短命。

甲日生，有癸巳，發達。

甲申日生，支子多，水運有水難。

乙日生，己多，短命。

乙巳日生，丑月，發達。

乙亥日生，有財星，色慾強。

乙日生，有癸庚，揚名聲。

丙日生，辛月
辛日生，丙月　掌刑衡，為軍人。

丙日生，有癸辛，有權威。

丙子日生，有辛，貧而有德望。

丙午日生
丁巳日生　坐祿財，無水星，性質粗暴。

丁日生，有壬癸，風雅之質也。

戊己日生，多美貌。

戊日生，有癸乙，溫威兼備。

己日生，有癸甲，交際廣。

庚辛日生，水多，財貨不聚而多散。

庚辛日生，金多，服軍務。

辛日生，有乙，有謀，乏仁義。

庚辛日生，土星多，難達志願。

壬癸日生，命多，身分高，金錢有通融恐陰部有病。

壬午日生（若日支不
癸巳日生 害財官星）本身可得田宅，申酉月生者最貴。

亥酉主男女好酒者多。

辰戌主頑固（辰爲鬪星，戌爲怒星）。

身旺日生，比肩刼財敗財帶申寅或亥巳之衝，主先弟身事不定。

四柱中辰戌丑未全者，主六親不和，妻子緣薄。

四柱干支，專爲驛馬，無刑衝，主富智謀才略之家。

日柱陽干，月德日生者，受長者之提拔。

日柱陰干，月德日生者，得妻之助。

生時干爲偏印，害親之運勢，無遺產。

生時干爲正財，多是養子。

四柱中有天乙，天官，天廚，福星等，過之，如花開之燦爛，但多勞耳。

左記拱祿　，發達之命也。

生月　丙午╱
　　　　　　巳　戊祿在巳，辰午拱之。但四柱中須有乙。
生日　戊辰╲

生月　丁巳╱
　　　　　　午　己祿在午，巳未拱之。但四柱中須有甲。
生日　己未╲

生月　甲午╱
　　　　　　巳　戊祿在巳，辰午拱之。但四柱中須有庚。
生日　戊辰╲

生月　己未╱
　　　　　　午　丁祿在午，巳未拱之。但四柱中須有辛。
生日　丁巳╲

生年月日時之干支，順次排列者，曰「連珠命」。主人慈悲心重，信仰力強，世人崇敬之。

凡天德月德，有善導之力，若見於吉星柱下，無刑衝空亡，他柱雖稍見凶星，亦能制伏，而導之於好運。此星與食神或正官偏財，或印綬並在，可有偉大之發達。不然，身體強健長壽，得免奇禍（天德合，月德合亦有類此之力）。但正官與傷官之構成，傷官成此貴神，則觸怒貴神，一切失効。食神與偏印之構成，偏印成此貴神，亦如之。

三、論 女 命

女命八字，前人皆以官星爲主，喜弱喜清。惟現代觀瀑主人（著人鑑），力闢其說，謂當與男命，同一看法。但保社會之秩序，謀一國之興廢，實造端乎家庭之平和。夫維持家庭之平和，其責任，固在男方，而爲主婦者，與有責焉。且男女之性格，生來不同，坤道其順乎，承天而時行，利牝馬之貞，夫坤天下之至順也德行恒簡以知阻。易已言之矣。故首查官星（正官偏官爲夫），注意其生氣與害氣。次查生日之強弱及子女之有無。能助夫及子之運勢者，即好命也。是以異於男命之看法，不僅從古，亦不廢古也。

身弱主性質溫柔，能奉事翁姑，良人，並操家政。且身弱，示陰生陽，能助夫君。

身弱日主，有食神或印綬，身體亦能壯健。

食神（或正財）生旺（強健），主福祿厚子孝。

食神弱，或有刼或偏印，子緣薄，自己病或命短。

偏印帶傷官，失子尅夫。

偏印過多，爲孤獨。

有正官正財，生旺（強健），主子及夫榮達，一生富貴。

生月正官強健，得良人運勢強（如甲日生，見辛酉月）。

正官見於生月一柱，或天干一星，或月支一星者，吉。

四柱正官有三，初年苦，晚年幸。

官星多，主夫星多，夫緣有變（作妾或作娼妓鴇母）。

偏官見於天干，有二，嫁旣權勢之家（罕而有之）。

偏官一位有制（食神或羊刃），性情過強，能替夫。

官星坐於殺地運，早別夫。

四柱無官星亦吉。女命以生月支爲夫位，生月無障害，運勢亦佳也。

生年生日有正財正官，或正官印綬，順序而列，無刑衝，主生於良家，姿容美麗。

印綬過多，老時無子女照看，（印綬二，無子女。翁姑不和）。

印綬，絕柱，正財衰柱，主幼時離生家。

偏官，長生柱或建祿柱，得英邁之夫。

官星，沐浴死絕柱，主害夫運，爲孤獨（爲娼或操飯店營業）。

官星食神落空亡，無子女。

傷官祿死，子運不佳。

天干官星柱，受刑衝，或空亡，主夫大凶。

正官有干合，色情强。干合多者，恐不貞。

偏官有干合，貌美而多情。

有財星，生日干外有干合二位，主不貞。

凡干合支合過多者，主多情愛嬌。

財星偏多，主多懶，害夫運。女命財星少者，吉。

財星過多，又干合化爲傷官氣者，蔑夫不貞。

正財多，有印綬，與翁姑不和。

有正官與傷官。主害夫運或己身有病。

有偏官與傷官者，凶。

有傷官偏印，主親緣薄，又害夫運。

生年傷官，生月雖無官星，因害夫位，亦凶。縱令貌美有才，不害夫運（親，兄弟），本身有病或難產。若生月有財星或印綬，可減輕對夫運之害力。

生年有傷官，臨產時注意。

生月傷官大凶。若生年有印綬，或月支有財星或印綬，亦可稍減其害力。

生年生月干支同者，破夫運。但二人之生年同者得免。

生日羊刃傷官，主災難多，或病死。但有天德月德者得免。

生日受衝，四柱有干合，不住故鄉，多苦辛。

傷官愈強健者，害夫運之力，亦愈大。

生時食神，健旺，兒女立身出世。

生時陽干，初生男。生時陰干，初生女。

生時羊刃，有卯酉，恐有產難。

生日長生，子有好運者。無刑衝，福厚。

沐浴，夫緣薄。

冠帶，性放縱，得好夫。

建祿，好帮，暗扶夫運。無刑衝福厚。

帝旺，星力過強，自然氣盛。設無制伏之星，暗抑夫運。若夫運強，則己身有病。頭生者死，。

衰，外親溫順，內心不夠，故不和，庚戌日生，對夫凶。

病，中年喪夫或夫運衰敗，不能偕老。戊申、癸酉日生，夫緣不幸。

死，不審夫運，子緣薄。乙亥，庚子日生者，少良緣。

墓，夫緣欠佳，丁丑，壬辰日生者，夫緣薄。

絕，不審夫運，甲申辛卯日生，好怒。辛卯日生者，中年夫緣變。

胎，不柔和，有時再嫁。

養，略同長生，庚辰日生者，夫緣薄。

陽日生，食神多，操飯店營業。陰日生，食神多，作娼妓。

甲寅日，丙午日，戊午日，辛亥日，壬子日生者，夫緣薄。

丁巳日，丁未日，辛卯日，辛酉日，癸巳日生者，中年或別夫。

干合刑衝多者，好虛榮，棄家政。

食神傷官偏多者，乃娼妓之命也，有制伏者，則當別論。

四柱天干一色者，幸福。地支一色者，再嫁。

四柱中水多土少，色情重。火多水少，亦如之。

寅巳申亥全，或辰戌丑未全者，主多情。

辰戌丑未全，再有食神，幼失雙親。

辰戌專見者，害夫運（女命忌土星多）。

四柱辰多戌無，主婚事晚。戌多辰無，主幼時苦多，中年後漸佳，色情濃。

生日與生時爲辰戌者，子緣薄。

巳酉主美，此年生者多美貌。

生日壬癸，四柱有申子辰三合水局，曰「流水殺」，主人性慾强。

壬癸，亥子多者，主有才智，但多情耳。

有官者於傷官運中，有財者於刼財敗財運中，婚事難成。若出嫁者，逢此運，多有離別之不幸。

有官星而時氣正爲官星柱之空亡，或官星柱刑衝之時氣，主婚姻不成。

官星皆無，大運遇官星，若夫有病，則死。

身旺日生，四柱中又多生「生日」干之星，愈強者權力强，委意而爲，主害夫運。若夫運强，不能害之，則自己病或離別。特別獨陽干之四柱，且身旺者，必成孤獨。此命遇比肩刼財敗財運氣，夫則不幸。

身旺，四柱中有刼財傷官，其生活，所向不佳。

女命有羊刃或日刃或魁罡，且身旺，則有男子氣度（但丁未日，已未日生者，溫厚）。若此星過多，生不從夫意，必起爭論。夫運雖好，亦必害之。

女命之孤獨者，若與軍人飛行家或其他冒險家事業家，成爲內緣者，或操職業（如理髮產婆歌舞或學者優伶等），亦可平安渡過一生。

女命有七殺傷官刼財刑衝空亡倒食多者，固凶矣，但有制伏者，或支合，或有天德月德人者，亦可減其凶力，無傷也。

第十章　論流年

吾人涉世，必有預想焉，以定方針之所向。但在預想之前，不可不知命，即不可不知自己之運勢之如何也。夫如是，方能進退得時，緩急有當，取健全之處世法，乃極爲緊要也。易曰，或躍在淵无咎，子曰，上下无常，非爲邪也，進退無恒，非離群也，君子進德修業，欲及時也。孟子曰，齊人有言曰，雖有智慧，不如乘勢，雖有鎡基，不如待時。其斯之謂乎。世人之失敗，多因忽略時機，以致貽有噬臍之悔耳。

人生長於兩大之間，其肉體及思想（精神之作用），亦如他動物之能受宇宙之支配者，乃當然之事也。地球繞太陽，每年異其軌道，由甲子歲起，終於癸亥歲，凡經六十處，而一循環，謂此曰流年或曰年運。一歲之窮通，繫諸此。一年內之季節，則曰月運。流年之氣力，對於吾人身體之影響，其力偉大，而月運力次之。

一、流　年

（一）男　命

生日干害流年，乃逆天而行，必生災害破財病難爭端等。如戊日生人，害壬年運，乙日生人，害己年運是也。雖然，若有幾和諫止之干星，其年亦可有吉事。如戊日生，因能害壬年運，若四柱中有癸干，戊癸化合，頗足能阻其害力是也。

生日干與年運干合，因其化質，若害四柱中吉星時，則能傷吉星之作用，遂生病難損失骨肉不幸。反之，若因化質而扶助四柱中之吉星時，則幸福自來。

生日干與四柱干，原無干合，或生日支與四柱支，原無支合者，生日干與年運干新合，或生日支與年運支新合，時其年不可作新事業轉居開業等，但又有惑心。

生日支衝年運支，其年有爭論損失死別等不幸。特別寅年未年最甚。但支合得免。

生日支受年運支之衝，住所變更，或夫婦間有苦情，或障害子女。

四柱中有羊刃日刃，其反來刑衝年運支，主其年有大災。但支合得免。

七殺柱之羊刃，來衝年運支，此年災害甚。

四柱中有正官，其柱之支，受年運支刑衝，其年有訟事，或災害見於恩人，兒女之身上。

空亡年，月日空亡運氣時，易生諸種惑心，不可轉居轉業或結婚。骨中有重病者必死，若自己有病，癒期太長。但建祿之空亡，反見吉。如

甲辰日生，建祿在寅，空亡寅卯，

乙巳日生，建祿在卯，空亡在寅卯，
丙申日生，在巳，在辰巳，
丁亥日生，在午，在午未，
戊戌日生，在巳，在辰巳，
己丑日生，在午，在午未，
庚辰日生，在申，在申酉，
辛巳日生，在酉，在申酉，
壬申日生，在亥，在戌亥，
癸亥日生，在子，在子丑，

此皆爲建祿運之空亡。此時氣時，可發生意外之事，但因小心，可轉爲吉

庚辰日、庚戌日生，官星年運時，有凶事。食神年運時有吉事。

壬辰日、戊戌日生，財星年運時，有凶事。印綬年運時，有吉事。

身弱日生，四柱中有財星七殺，正官年運時，有凶事。

身旺日生，有正官，遇正官正財印綬比肩之年運，皆能發達。

身旺日生，四柱中無正官，遇比肩劫財敗財之年運，父母妻子有障害，或忠爭論或破財。其中劫財年為甚。若有正財更甚。若有食神可發財

四柱中有正財，而比肩劫財敗財力強者，遇正官年運或食神年運，有財可發。

四柱中有印綬，偏身弱日生有七殺，遇正財年運，與父母或死別或生別，或自己損失有病難。若有食神發財。

正官年運，身旺者大吉。身弱者病，但無傷害，雖身弱，諸事亦可發展。

偏官年運，身旺者不平安。身弱者有病難損失或志望難成。

印綬年運，有官星者或身弱者，產業發達，或職業有定。但身旺者，諸事希望有悔。本年大概良好。

偏印年運，四柱中有比肩等，身過旺，乘勢必敗。四柱中有食神，受損失或病或死別。有正官可發達。

偏財年運，身旺者有財利，身弱者損失。四柱中有印綬，父母有障害或自己遭病難。

傷官年運，諸事不吉。四柱中有官星，免職刑罰爭論等不幸發生。若有正財或印綬，可稍見吉。

生日干所配之年，爲長生冠帶建祿帝旺養，又不受生日支之刑衝或當空亡，或與四柱中羊刃日刃，不相刑衝，則有吉事。

沐浴年運，主事破壞。病死年運，主有病難損失。絕年運，主有離別或死別。

年運干對生日能與以吉力者，若其干受其支之害，亦猶如無根之草木，其吉，何可久也。反之，年運干凶，若其支力，對生日爲吉，其凶亦不可久也。

生日支與年運支，或爲會局，因其會局，變其水火木金土之變通力時，又不可專恃年運干力，以爲斷也。

（二）女　命

女命以官星爲夫。四柱中有官星，其柱支若受年運支之所衝，主大遭損失災害或死別。若無官星，月支受其年運支之衝者，亦然。

女命四柱中，正官正財皆有，在傷官刦財年運中，婚事難成。若已出嫁，逢此氣時，恐有離別之害。

女命四柱中有正官，以其正官之干支，求空亡，則其所當之運氣中，婚事垂成必敗，正官柱之支受刑或衝之運氣中，亦然。

女命乙酉日生，丙子日生，己卯日生，己亥日生，庚午日生，辛未日生，辛巳日生，癸亥日生，（生日干均能助傷官之力）若再有傷官，遇傷官年，喪夫。

二、月運及日運

月運之鑑定，亦如流年。不過年運力作用强，月運力作用弱耳。如戊日生人，辛傷官年運時，遇乙之月運，戊見乙雖爲正官，因爲辛年內之正官，故其正官力弱，又如丁年運內之時，遇辛月運力，戊見辛爲傷官，其傷官力亦弱，是也。

月運氣爲空亡，受刑衝，當然凶也。

年運吉，月運無大關係。年運凶，再逢凶月，災害甚大。即月運之吉凶力，受年運干支力之影響年內十二月之作用，皆不同也。

日運之鑑定，亦同月運，但似不可拘泥此種微細氣力爲妙。

第十一章　論大運

年運爲宇宙間之氣力而得支配於吾人之身體者。大運爲吾人精氣神，感應於大氣所生之力也。故亦可日體運。前者外，後者內也。年亦吉時，環境都是助我，大運吉時，所欲全是從心，故運事而臨來也。大運之時氣良好，精神健全而旺盛，年運上雖稍有波折，亦以吉運視之，諸事勿躊躇，宜積極活動，動則有功，此之謂大功不顧小瑾也。若徒自回顧過去之失敗而生懼心，逡巡不前，坐失好機，亦罔然也。

人皆有好時氣到來之日，恰如路傍之野草，雖賤，亦有開花稱盛之時也。但其時氣，事前預知，並向此目的，努力邁進，方克有孚。故世人有先吉後凶，有先凶後吉，亦有一躍而成名者，知之與不知之之間耳。

一、推大運法

凡推大運，始行之歲數，俱從所生之日起，陽年生男，陰年生女，則順行，數至未來節入日。陰年生男，陽年生女，則逆行，數至已往節而止。得足數三日爲一歲，三十日爲十歲。除之所餘，在三十六小時以上，則添其不足，當爲三日，即以十歲計之。不足三十六小時者，則棄之。設由出生時而記之，不足三十六小時者，亦不出一小時內外而生者，宜如何起算，學者之間，尚無定論。可謂不足三十六小時者，順行運則當十歲順行運計之，逆行運則當十歲逆行運計之。附順逆大運表（第十四表）於下。

第十四表　順逆大運表

順行運 陽干男命	順行運 陰干女命	逆行運 陰干男命	逆行運 陽干女命
節入日 一日 二日	十歲運	節入日 一日 二日 三日	一歲運
三日 四日 五日	九歲運	四日 五日 六日	二歲運
六日 七日 八日	八歲運	七日 八日 九日	三歲運
九日 十日 十一日	七歲運	十日 十一日 十二日	四歲運
十二日 十三日 十四日	六歲運	十三日 十四日 十五日	五歲運
十五日 十六日 十七日	五歲運	十六日 十七日 十八日	六歲運
十八日 十九日 二十日	四歲運	十九日 廿日 廿一日	七歲運
廿一日 廿二日 廿三日	三歲運	廿二日 廿三日 廿四日	八歲運
廿四日 廿五日 廿六日	二歲運	廿五日 廿六日 廿七日	九歲運
廿七日 廿八日 廿九日 卅日	一歲運	廿八日 廿九日 卅日	十歲運

淵海子平云，運行十載數，故世之談命者，率以十年律之，行運從月建而起，順行者行未來之月建，逆行者行已往之月建。余實不然。蓋幾歲運，即以幾歲為一期，不必以十進位，且月建即由其人

之生月起算，無已往未來之分也。如逆行三歲運，辰月生人，由一歲至三歲爲辰期，四歲至六歲爲卯期，七歲至九歲爲寅期，餘逆推之可矣。

辰			卯			寅		
一歲	二歲	三歲	四歲	五歲	六歲	七歲	八歲	九歲

順行七歲運，辰月生人，則一歲至七歲爲辰期，八歲至十四歲爲巳期，十五歲至二十一歲爲午期餘順推之可矣。

辰

一歲	二歲	三歲	四歲	五歲	六歲	七歲

巳

八歲	九歲	十歲	十一歲	十二歲	十三歲	十四歲

午

十五歲	十六歲	十七歲	十八歲	十九歲	二十歲	廿一歲

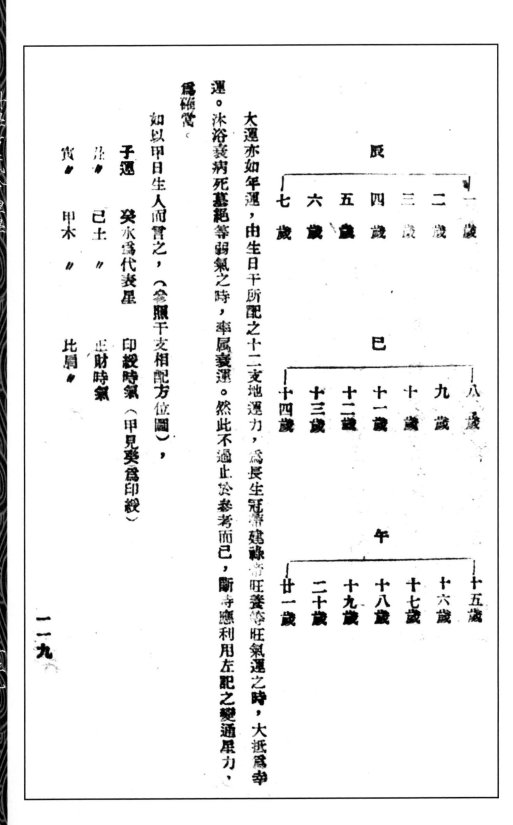

大運亦如年運，由生日干所配之十二支地運力，爲長生冠帶建祿帝旺養等旺氣運之時，大抵爲幸運。沐浴衰病死墓絕等弱氣之時，率屬衰運。然此不過止於參考而已，斷時應利用左記之變通星力，爲確當。

如以甲日生人而言之，（參照干支相配方位圖），

子運　癸水爲代表星　印綬時氣（甲見癸爲印綬）

丑〃　己土　〃　正財時氣

寅〃　甲木　〃　比肩〃

卯運	乙木為代表星	敗財時氣
辰〃	戊土〃	偏財〃
巳〃	丙火〃	食神〃
午〃	丁火〃	傷官〃
未〃	己土〃	正財〃
申〃	庚金〃	偏財〃
酉〃	辛金〃	正官〃
戌〃	戊土〃	偏財〃
亥〃	壬水〃	偏印〃

古之學者，不知分野原理，誤配巳午亥子，故多誤人進退之時機，不可不辨之也。

二、大運之吉凶

大運支衝年運支，其年破財或有家族之不幸。若有吉星則得救，或四柱中有制伏星亦可。干尅者亦如之。但流年尅大運無傷。

大運空亡時氣，又逢年運空亡，主父母妻子設有重病時，死別。已身有大病時，尤須小心。

大運空亡支，受年運支之衝，其年或有意外之吉。

空亡時氣之時，從來吉者轉凶，故事多斷斷顚倒。

墓傷財庫，四柱中有墓，受刑衝，必多耗費金錢。若由大運刑衝之，可獲財利。

身弱日生，官星多，遇大運官星時氣，有禍難。若有食神得免。

身弱日生，有正印與正財，遇大運印綬時氣，則發達。

身旺日生，有正官，遇大運正官正或比肩時氣，則發達。

身旺日生，有偏官食神，遇大運偏官綬比肩時氣，則發達。

身旺日生，財星強，大運正財時氣吉，但有誹謗之嫌。

身旺日生，傷官多，大運財星時氣，吉。

身旺日生，有傷官與正財，大運正財時氣，發達。

四柱中有正官與財星，無印綬之時，大運傷官時氣中，又逢傷官年運，職業上或家庭上不利。

有七殺，大運七殺時氣，凶。若遇食神或印綬時氣，發達。

七殺受刑衝，見羊刃，再有偏印，大運七殺時，必生大難。

印綬弱，大運正財時氣，不幸。

印綬過多，大運官星或財星時氣，吉。

有正財與七殺，大運食神或比肩時氣，吉。

有七殺正財，雖屬困難，但大運印綬時氣，可意外發達。

正官財星均有，中年艱苦，大運印綬時氣，可突然發達。

偏財過多，大運比肩時氣，發達。

有食神無偏官，大運財星時氣，吉。

食神爲主神，大運比肩劫財敗財時氣，發達。

有食神無財星，大運偏印時氣，破財有病。偏印過多，大運官星財星時氣，吉。

正官有，傷官多，大運時氣當正官之墓運，有災難。

有傷官，無印綬，大運正官時氣，失職破財及有其他之不幸。

傷官強，大運劫財敗財時氣，有病難或喪命。

有劫財敗財，大運食神或正官時氣，發達。

金神時生，有制伏金神之干星者，吉。若無制伏，過制伏之時氣，則發達。但害制伏星之時氣，

於身體上亦不利，

四柱中有羊刃日刃，無偏官七殺，大運偏官七殺時氣，可突然發達，名利雙收。

辰戌丑未爲土用，乃變化發生之時氣也。故大運由丑至寅之間，由辰至巳之間，由未至申之間，由戌至亥之間，若年運爲凶，宜十分注意，輕者不順，重者喪命。

女命，大運食神傷官時氣，夫有異變。

女命，比肩刧財敗財多者，又遇大運比肩刧財敗財時氣，夫則不幸。

茍從有實者，生日流年大運，宜如左圖而運營之，愼思明辨，或窮精極微，或從詳反約，則為休咎之理矣。（參照第五圖，第十五表）。

第五圖

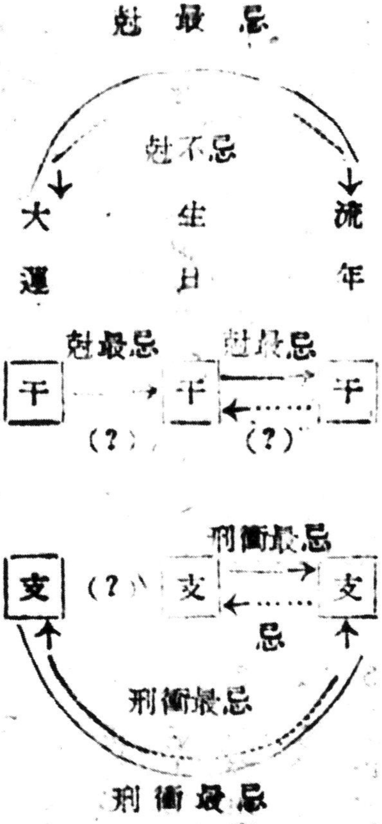

【註】(?)容後再考

命中喜忌與行運之關係示之如下：

美運（喜）

1 官用印以制傷，而運助印
2 財生官而身輕，而運助身
3 印帶財以爲忌，而運助財
4 食帶殺以成格，而運逢印
5 殺重身輕，而運來助食
6 傷官佩印，而運行官煞
7 陽刃用官，而運助財鄉
8 月劫用財，而運行傷食
9 官逢傷運，而命逢印
10 財行殺運，而命逢神

敗運（忌）

1 正官無印，而運行傷
2 財不透食，而運行殺
3 印綬用官，而運合官
4 食神帶殺，而運行財
5 七殺食制，而運逢梟
6 傷官佩印，而運行財
7 陽刃用殺，而運逢食
8 建祿用官，而運逢傷
9 官逢印運，而本命有合
10 印逢官運，而本命用殺

三、大運變通星與流年變通星相互之關係

大運司一期之休咎，而流年亦在其中，故須互參而窮之。前言取大運之變通代表星，以定其時氣，局爲確當，但從來多有大運干之變通星，以論吉凶。茲列二者相互之關係，以供參考。（參照第十六表）。

附錄

一、格局表

二、批命標準格式（四九—五七頁）

三、六十甲子性質表（四九—五七頁）

四、五行生旺圖（四九—五七頁）

中華民國三十五年七月三十日發行

科學方式 命理學（全一冊）

定價流通券　　元

著作者　閻德潤博士

發行者　新華書局出版部
長春市西長春大街八號之一

印刷者　新明印書局

經售者　東北各大書店

占筮類			
1	擲地金聲搜精秘訣	心一堂編	沈氏研易樓藏稀見易占秘鈔本
2	卜易拆字秘傳百日通	心一堂編	
3	易占陽宅六十四卦秘斷	心一堂編	火珠林占陽宅風水秘鈔本
星命類			
4	斗數宣微	【民國】王裁珊	民初最重要斗數著述之一；未刪改本
5	斗數觀測錄	【民國】王裁珊	失傳民初斗數重要著作
6	《地星會源》《斗數綱要》合刊	心一堂編	失傳的第三種飛星斗數
7	《斗數秘鈔》《紫微斗數之捷徑》合刊	心一堂編	珍稀「紫微斗數」舊鈔
8	斗數演例	心一堂編	秘本
9	紫微斗數全書（清初刻原本）	題【宋】陳希夷	斗數全書本來面目；有別於錯誤極多的坊本
10-12	鐵板神數（清刻足本）——附秘鈔密碼表	題【宋】邵雍	無錯漏原版 秘鈔密碼表 首次公開！
13-15	蠢子數纏度	題【宋】邵雍	蠢子數連密碼表 打破數百年秘傳 首次公開！
16-19	皇極數	題【宋】邵雍	清鈔孤本附起例及完整密碼表 研究神數必讀！
20-21	邵夫子先天神數	題【宋】邵雍	附手鈔密碼表 研究神數必讀！
22	八刻分經定數（密碼表）	題【宋】邵雍	皇極數另一版本；附手鈔密碼表
23	新命理探原	【民國】袁樹珊	子平命理必讀教科書！
24-25	袁氏命譜	【民國】袁樹珊	
26	韋氏命學講義	【民國】韋千里	民初二大命理家南袁北韋
27	千里命稿	【民國】韋千里	北韋之命理經典
28	精選命理約言	【民國】韋千里	
29	滴天髓闡微——附李雨田命理初學捷徑	【民國】袁樹珊、李雨田	命理經典未刪改足本
30	段氏白話命學綱要	【民國】段方	民初命理經典最淺白易懂
31	命理用神精華	【民國】王心田	學命理者之寶鏡

32	命學探驪集	【民國】張巢雲	發前人所未發 稀見民初子平命理著作
33	澹園命談	【民國】高澹園	
34	算命一讀通——鴻福齊天	【民國】不空居士、覺先居士合纂	
35	子平玄理	【民國】施惕君	
36	星命風水秘傳百日通	心一堂編	
37	命理大四字金前定	題【晉】鬼谷子王詡	源自元代算命術
38	命理斷語義理源深	心一堂編	稀見清代批命斷語及活套
39－40	文武星案	【明】陸位	失傳四百年《張果星宗》姊妹篇　千多星盤命例　研究命學必備
相術類			
41	新相人學講義	【民國】楊叔和	失傳民初白話文相術書
42	手相學淺說	【民國】黃龍	民初中西結合手相學經典
43	大清相法	心一堂編	重現失傳經典相書
44	相法易知	心一堂編	
45	相法秘傳百日通	心一堂編	
堪輿類			
46	靈城精義箋	【清】沈竹礽	沈氏玄空遺珍 玄空風水必讀
47	地理辨正抉要	【清】沈竹礽	
48	《玄空古義四種通釋》《地理疑義答問》合刊	沈瓞民	
49	《沈氏玄空吹虀室雜存》《玄空捷訣》合刊	【民國】申聽禪	
50	漢鏡齋堪輿小識	【民國】查國珍、沈瓞民	
51	堪輿一覽	【清】孫竹田	失傳已久的無常派玄空經典
52	章仲山挨星秘訣（修定版）	【清】章仲山	章仲山無常派玄空珍秘 門內秘本首次公開 沈竹礽等大師尋覓一生末得之珍本！
53	臨穴指南	【清】章仲山	
54	章仲山宅案附無常派玄空秘要	心一堂編	
55	地理辨正補	【清】朱小鶴	玄空六派蘇州派代表作
56	陽宅覺元氏新書	【清】元祝垚	簡易・有效・神驗之玄空陽宅法
57	地學鐵骨秘　附　吳師青藏命理大易數	【民國】吳師青	釋玄空廣東派地學之秘
58－61	四秘全書十二種（清刻原本）	【清】尹一勺	玄空湘楚派經典本來面目 有別於錯誤極多的坊本

62	地理辨正補註　附 元空秘旨　天元五歌　玄空精髓　心法秘訣等數種合刊	【民國】胡仲言	貫通易理、巒頭、三元、三合、天星、中醫
63	地理辨正自解	【清】李思白	公開玄空家「分率尺、工部尺、量天尺」之秘
64	許氏地理辨正釋義	【民國】許錦灝	民國易學名家黃元炳力薦
65	地理辨正天玉經內傳要訣圖解	【清】程懷榮	秘訣一語道破，圖文并茂
66	謝氏地理書	【民國】謝復	玄空體用兼備、深入淺出
67	論山水元運易理斷驗、三元氣運說附紫白訣等五種合刊	【宋】吳景鸞等	失傳古本《玄空秘旨》《紫白訣》
68	星卦奧義圖訣	【清】施安仁	三元玄空門內秘笈　清鈔孤本 過去均為必須守秘不能公開秘密 與今天流行飛星法不同
69	三元地學秘傳	【清】何文源	
70	三元玄空挨星四十八局圖說	心一堂編	
71	三元挨星秘訣仙傳	心一堂編	
72	三元地理正傳	心一堂編	
73	三元天心正運	心一堂編	
74	元空紫白陽宅秘旨	心一堂編	
75	玄空挨星秘圖　附 堪輿指迷	心一堂編	
76	姚氏地理辨正圖說　附 地理九星并挨星真訣全圖　秘傳河圖精義等數種合刊	【清】姚文田等	
77	元空法鑑批點本——附 法鑑口授訣要、秘傳玄空三鑑奧義匯鈔　合刊	【清】曾懷玉等	蓮池心法　玄空六法 門內秘鈔本首次公開
78	元空法鑑心法	【清】曾懷玉等	
79	曾懷玉增批蔣徒傳天玉經補註【新修訂版原（彩）色本】	【清】項木林、曾懷玉	
80	地理學新義	【民國】俞仁宇撰	
81	地理辨正揭隱（足本）　附連城派秘鈔口訣	【民國】王邈達	揭開連城派風水之秘
82	趙連城傳地理秘訣附雪庵和尚字字金	【明】趙連城	
83	趙連城秘傳楊公地理真訣	【明】趙連城	
84	地理法門全書	仗溪子、芝罘子	巒頭風水，內容簡核、深入淺出
85	地理方外別傳	【清】熙齋上人	巒頭形勢、「望氣」「鑑神」
86	地理輯要	【清】余鵬	集地理經典之精要
87	地理秘珍	【清】錫九氏	巒頭、三合天星，圖文並茂
88	《羅經舉要》附《附三合天機秘訣》	【清】賈長吉	清鈔孤本羅經、三合訣法圖解
89-90	嚴陵張九儀增釋地理琢玉斧巒	【清】張九儀	清初三合風水名家張九儀經典清刻原本！